Biden, China and the Future of Japan

佐藤隆三
Sato Ryuzo
ニューヨーク大学C.V.スター冠講座名誉教授

ジョセフ・ナイ
Joseph Samuel Nye Jr.
ハーバード大学特別功労教授

バイデン政権と中国、そして日本の進路

日本評論社

はしがき

本書は、この約10年間に、日本の新聞紙上に掲載された著者たちの「論壇」や「時評」の中で、表題に関連するコラムを選んで上梓したものである。だが、読者に予め御理解いただきたいのは、表題に直接合致するような「論壇」や「時評」は含まれていない、という点である。にもかかわらず、ここで選んだコラムは、読者に全体として、そして間接的に答えを与える一助となる、と確信している。

政治と経済に関心を持つ著者たちにとって、米国、中国、そして日本が「持つ力」は、単に学問的な分析対象であるのみならず、人類に歴史的変換を与える要因として、とらえられなければならない。何故ならば、一国のハードパワー、エコノミックパワー、そしてソフトパワーの最適な組合せこそが、その国の盛衰を決定するのみならず、世界全体の歴史の趨勢をも左右するからである。

これは、中国のエコノミックパワーを表す国内総生産（GDP）の伸びを見ても明白である。中国のGDPは2010年に日本を追い越して米国に次ぐ世界第2位となった。IMF（国際通貨基金）の推計によれば、中国のGDPは2020年に米国の68％を超える水準にまで近づき、GDP世界3位である日本のGDPに2・8倍の差をつけている。米国、中国、日本のGDPが世界のGDPの総額に対する割合を見ると、米国＝24・6％、中国＝16・9％、そして日本＝6％であり、米・中・日の世界3大経済の合計は、世界経済の約半分＝47・5％を占めている。これは、この本の表題に含まれるバイデン政権の米国、そして中国及び日本の役割が、世界にとって如何に重要であるかを示すものである。

国の力はハードパワー（軍事力）やエコノミックパワー（経済力）だけではなく、ソフトパワー（文化・政治的価値観・政策の魅力を表し、本書の著者であるナイによって提唱された）に依存する。現在バイデン政権は、トランプ政権時代に失った米国のソフトパワーの回復に努めている。日本はハードパワー（軍事力）において米国や中国に劣るが、文化などのソフトパワーの面では優れた国であり、その強みを世界に示してゆくことが求められる。

この本が上梓されたもう一つのきっかけは、著者の一人である佐藤が、今年90歳の卒寿を迎えたことである。これは、40年近くも米学会の中で交流を保ってきた著者二人の友情の証でもある。また本書に掲載されたナイの英文コラムの翻訳者が佐藤であったことからも、共著の出版は自然な流れであった。

「論壇」の掲載紙を発行している静岡新聞社、同じコラムの一部を掲載している信濃毎日新聞社、「時評」の掲載紙を発行している秋田魁新報社に対して、また、一つのコラム（7-4）が掲載されている季刊『統治の分析』に対して、本書への転載を許してくださったことに感謝する。そもそもこれらのコラムが新聞紙上に掲載されるまでにお世話になった多くの方々にも、この機会を借りて改めて謝意を表したい。そして特に本書のすべてを取り仕切ってくださった日本評論社の小西ふき子氏には厚くお礼を申し上げる。

2021年7月

佐藤隆三
ジョセフ・ナイ

＊各コラムの末尾に出所が示されている。例えば、本書の最初のコラムはナイの論壇で、ナ『静岡新聞』「論壇」２０２１年８月１日、本書の最後のコラムは佐藤の時評で、佐『秋田魁新報』「時評」２０２１年６月11日、と記されている（佐藤のコラムは両新聞に掲載されているが、ナイのコラムは静岡新聞にのみに掲載されている）。

［第1部］

アメリカで何が起きているのか

第1章　アメリカの対外政策：民主主義 VS 専制主義

1-1　バイデン政権の対中戦略

■貿易削減は経済的負担大

いま、ワシントンでは対中戦略が大論争になっている。日本や欧州では、バイデン政権はトランプ前政権の対中政策を踏襲しているのではと見る人たちもいるが、両政権の外交や気候変動の問題に対する政策は異なっている。とは言え、中国の新重商主義や「戦狼《せんろう》外交」に対しては、米民主・共和両党の区別なく強く対峙《たいじ》しようとしている。米中関係が炎の中にあるとすれば、点火したのは中国で、ガソリンを注いだのはトランプ氏、との見方がワシントンの大方の合意事項である。では、ここからの対中戦略は如何《いか》にあるべきか。

現在の状況を「新たな冷戦」と見る向きもあるが、中国を冷戦のイデオロギーの枠組みでとらえると、真の戦略的課題を見誤ることになる。米ソ間の冷戦時代には商取引や社会的接触がほとんどなかったが、われわれと同盟諸国は中国と多額の貿易取引を行っており、数十万人の中国人学生が米国の大学に留学している。

習近平はスターリンではないし、中国のシステムはマルクス・レーニン主義ではなく、「市場レーニン主義」である。それは、国家資本主義の一形態で、共産党のエリートに従属する公的企業と私的企業の混合経済である。

われわれは、ソ連時代よりも中国経済とより深く絡み合っている。ファーウェイの如《ごと》き中国企業を、安全保障上米国の5G通信ネットワークから排除することは、理にかなっているが、すべての貿易を削減するのは経済的に負担が多すぎる。さらに、経済のグローバル化を阻止したとしても、パンデミックや気候変動の如き、政治の法則ではなく、生物学や物理学の法則の下にある生態的グローバル化においては、中国との相互関係を排除することはできない。

ここでは、他者の上に立つパワーと他者と協調するパワーを区別することが重要である。気候変動やパンデミックでは、中国と協働する必要がある。一方で、南シナ海の航行の自由を守るために米海軍を用いる事と、あるいは香港やノーベル文学賞の高行健氏などの人権侵害には制裁を科す事は、協調とは別問題である。

■米日欧の協調こそ抑制策

優れた戦略には慎重な総合的分析が必要である。相手の過小評価は自己満足を与えるが、過大評価は恐怖をまねき、いずれも誤算につながる。たしかに、中国は世界第2位の経済大国となった。2030年代までにGDPの規模で中国は、米国を超えるのではないか、と見る向きもある。しかし、仮にそうなったとしても、中国の一人当たりの所得は米国の4分の1以下に過ぎない。

中国はいくつもの経済、人口、および政治的な問題に直面している。中国の労働力人口は2015年にピークに達し、経済成長率はいずれ鈍化する。そして中国には政治的同盟国も少ない。世界経済の大部分を占める米国、日本、そして欧州が協調すれば、中国の行動を規整することも可能である。自由主義的国際秩序を維持する力を持つ米、日、欧の協調関係こそ、中国の台頭を抑制する正しい戦略である。

ナ 『静岡新聞』「論壇」2021年8月1日

1-2　米ロ首脳会談と中国包囲網

■相互尊重の態度が出発点

バイデン米大統領とロシアのプーチン大統領は16日、スイスのジュネーブで初の対面会談を行った。2018年のトランプ・プーチン会談以来のことである。当時の会談では、トランプ氏の大統領選勝利がロシアからの政治的介入による、とのうわさがあったためか、終始プーチン氏に主導権が握られている印象を与えた。

今回の両首脳会談では、冷戦後の両国関係が最悪と言われている状況下でも、お互いを尊重する態度が出発点にあった。例えば、遅刻常習犯と言われているプーチン氏は、バイデン氏より早く会場に到着していた。確かにロシアは核兵器や安全保障の分野で米国に次ぐ大国であるが、経済力に関しては韓国やスペイン程度の国内総生産（GDP）の規模にすぎない。GDPの世界ランキング15のうち、米、中、日、独、インド、英の順で、ロシアは11位にある。仏、伊、ブラジル、カナダよりもロシアのGDPは少なく、韓国とほぼ同額である。ロシアは軍事・経済の点で中国と異なることを、米ロの両首脳は熟知しているのである。

さて、今回議題となった協議事項の中で、核軍備管理の対話に関しては合意した。オバマ政権時代の核軍縮条約「新ＳＴＡＲＴ」が5年後に失効することを見据えて対話していくこと。核に関しては中国ではなく、米ロ２大国が、主導権を持つことを確認した。また両国の関係悪化を受けて自国に戻っていた双方の大使を帰任させることでも合意した。一方でサイバー攻撃については、バイデン氏はエネルギーや水道などを攻撃対象とすべきでないとして、16の分野を明記したリストをプーチン氏に渡したとされる。だがプーチン氏はサイバー攻撃についてはロシア政府の関与を否定した。

人権問題に関しては、バイデン氏はロシアの反体制派の指導者、ナワリヌイ氏が刑務所に収監されていることに関連して、「基本的人権については今後も取り上げ続ける、とプーチン氏に明確に伝えた」としている。ロシアがG8に参加できなくなった理由の一つにウクライナ問題がある。米国は今後も、ウクライナの主権や領土を守っていく考えを改めてロシア側に示した。

■外交上の中国包囲網完成

米ロ首脳会談には二つの意義がある。一つにはロシア側からすれば、ロシアは経済大国ではないが、国際政治関係では米国に次ぐ大国として認められたいとの願望が、この会談によって実現したのである。一方、米国にとっては、中国が21世紀の覇権争いの対象競争国であって、ロシアとの摩擦は最小化したいとの思惑がある。

加えて、バイデン政権発足以来、米外交は中国を意識してクアッド（日米豪印4カ国）会議＝オンライン＝に始まり、ワシントンでの日米首脳会談、米韓首脳会談、そして英国でのG7会議とベルギーでの北大西洋条約機構（NATO）の後にバイデン・プーチン会談で首脳会談を締めくくった。これで外交上の中国包囲網が出来上がったように見える。次は10月にイタリアでのG20会議時にバイデン・習近平会談が予定されている。

佐

『静岡新聞』「論壇」2021年6月22日

1-3　米中関係と第1次大戦の教訓

■古代ギリシャとの違い

第1次世界大戦がヨーロッパで始まったのは、100年前の8月のことであった。安倍首相も1月のダボス会議でこの事実に言及していた。

約2千万人がこの大戦で死亡した。ソンムの戦いだけで130万人の死傷者が出た。第1次世界大戦は、ヨーロッパの三大帝国、ドイツ、オーストリア・ハンガリー、ロシアを崩壊させた。世界のパワー・バランスは、第1次世界大戦まで、ヨーロッパに集中していた。

この大戦後も、ヨーロッパは依然として重要ではあったが、その後米国と日本が大国として浮上してきた。第1次世界大戦はまた、1917年のロシア革命を先導し、ファシズムの下地をつくり、20世紀を破壊したイデオロギー闘争を加速させた。

この大戦は不可避だったのであろうか。今日への教訓は何か。フィナンシャル・タイムズ紙のコラムニスト、マーティン・ウォルフ氏は、次のように記述している。「悲しいことに、歴史がわれわれに教えるのは、体制派と改革派間の摩擦は、それが破滅的な結果をもたらすとわかっていても、戦争につながっていく、ということだ。まさに、古代ギリシャの偉大な歴史家、トゥキュディデスが論じたように、悲劇的なペロポネソス戦争は、台頭するアテネの勢力がスパルタに警戒心を起こさせたことに因る」。オックスフォード大学の歴史家、マーガレット・マクミラン氏は、「1世紀前の独英関係を反省しながらも、今日の米中関係と比較したいとの誘惑に駆られる」と加えている。

中国の台頭についてトゥキュディデスを引用するのは目新しいことではない。私も、15年前の出版で引用した。しかし、歴史的な比喩や類似的推論は、時代的背景の違いが明確にされない場合には誤解を生じかねない。第1次世界大戦はある程度まで、ドイツの台頭が大英帝国に与えた恐怖がその原因だったが、ロシアの台頭がドイツに与えた恐怖、さらにスラブ国粋主義がオーストリア・ハンガリーに与えた恐怖もその原因である。古代ギリシャとは異なる数多くの要因が関わっている。

■過ち回避へ政策選択を

今日の米国と中国は、全体的な力関係では、前世紀の独英とは大きく異なっている。ドイツは1900年までにはすでに産業国としての力でイギリスを凌いでいたが、いまの中国が一人当たり所得で米国と肩を並べるまでには数十年以上かかるだろう。したがって、2国関係を過ちのなきように巧みに管理する時間的余裕はまだあるはずだ。恐怖に屈する理由はない。

比喩は一般的注意事項としては有用だが、歴史的必然性を示す、とするのは危険である。古代ギリシャ、第1次世界大戦、現代の米中関係という三つの状況に関しては確かに構造的な類似点がある。だが政治的リーダーを選べるという時代的背景は大きく異なっている。戦争は決して不可避ではない。優れた政策の選択肢を駆使すれば、第1次世界大戦の悲惨な歴史は繰り返す、と信じる理由はどこにもない。

ナ 『静岡新聞』「論壇」2014年9月1日

1-4 中国「一帯一路」の地政学

■政治経済力　世界に拡大

中国の一帯一路は、その経済力と政治力を世界に拡大しようとする企画である。米国が国際機関への援助や分担金を減額している中で、中国は向こう10年間で、インフラ事業に1兆ドル以上を貸し出すとしている。今後中国がこれによって地政学的競争で米国や日本に勝利するのだろうか。

「一帯一路」は、中国首脳部を含めて、多くの人に多くのことを意味している。中国の過剰設備を抱える建築の雇用確保、また中国のエネルギーおよび資源へのアクセス、そして中国の影響力を高める援助国への「にんじん」政策などを意味する。この点から見れば、これは中国パワーの国内の有機的発展に比べ、自由主義的国際秩序に対する革命的な挑戦ではない。

一帯一路計画は、幾多の問題に直面している。いくつかの国々は、英国同様、支持の了解覚書への署名に反対している。スリランカでは、債務と未払いの借款が、「白い象（維持費のかかる無用の長物）」となっている。パキスタンでは、安全保障の対立が、緊張状態にある国境地域にまたがるプロジェクトを混乱させている。インドは、インド洋における中国の影響力拡大に不満であるし、ロシア、トルコ、イランは、中央アジアに彼ら独自の問題を抱えている。

しかし、より大きな問題は、一帯一路計画が、国際政治の景観を塗り替える一大戦略として役に立つか否か、である。1世紀前、英国の地政学理論家、マッキンダーは、ユーラシアを支配する国が世界を支配する、と論じた。それとは対照的に、米国の戦略は、海上権力と周縁地域の支配を強調した19世紀のマハン海軍大将の地政学的洞察に依存してきた。

インターネットの現代においても、地政は重要である。19世紀の地政学的対立は、弱体化するオスマン帝国に統治されていた地域を誰が支配するか、という「東方問題」を巡って展開した。ベルリンからバグダッドまでの鉄道などのインフラ整備問題が、列強間の緊張の引き金となった。

■過剰な懸念は必要ない

一帯一路計画で、中国はマッキンダー理論に依存している。しかし、中央アジアを通る陸路は、かつてのトルコやイラン帝国の抗争や、ロシアと英国が争った、19世紀のアフガニスタン争奪抗争の「グレート・ゲーム」を思い起こさせる。同時に、インド洋を通る「海路」は、中国とインドとの緊張を高め、関係を悪化させる。インドは、中国の港や道路を経済的目的よりも政治的なものとみているからである。

アジアには、アジア自身のパワーバランスがあり、多くの国々は中国の台頭を懸念している。インド、日本、ベトナム、その他の国々は中国支配を望んでいない。これらの国々は米国を解決策の一つと見ている。

そして、マティス米国防長官の言葉を借りれば、相互依存の現代世界においては、多くの帯路が存在する。われわれは、中国の帯路が唯一だ、と過剰な懸念を抱く必要はない。

ナ 『静岡新聞』「論壇」2018年3月1日

1-5 中国の政治・経済体制の将来

■短期間予測では期待外れ

21世紀の初めには、われわれは、中国が民主主義と市場経済の方向に進んでいくだろう、と信じていた。しかし、今年3月のロンドンエコノミスト誌の言葉を借りれば、「この賭けに失敗した。中国は市場経済ではないし、現状路線では決して市場経済にならない。中国は、むしろビジネスを国家権力の一部分としてコントロールしている」。習近平国家主席は、「政治と経済を対立関係にして、国家管理の方向へと舵を切った」。

近代化の理論や多くの国々の経験則は、一人当たりの所得が1万ドル（約110万円）に近づくと、中産階級が増え、より多くの自由を要求すると示唆する。これは単に西洋史に基づいた経験則のみならず、台湾や韓国のごときアジア文化圏の経験則でもある。

さらに、インターネットは大量の情報にアクセスできる社会をつくった。クリントン元大統領は、インターネットの制御は、「ゼリーを壁にくぎ付け」するようなものだ、と言った。1993年、米メディア王のマードック氏は、現代の電気通信は「全体主義体制にとって明らかに強敵となった」と論じた。だが、中国共産党の「市場レーニン主義体制」は、インターネット制御の達人である。

前述の理論は誤っていたのか。おそらく、すぐに結果が現れると考えたのだろう。だが、四半世紀という短期間の予測では、期待外れである。中国の政治経済体制の進化は依然として説明不可能である。

習主席と中国の長期的な将来に関しては誰も予測できない。しかし、中国の進展状況を見守る中で、日米同盟はわれわれに保険的役割を与える。米国が日本およびオーストラリアとの同盟を維持し、インドとの良好な関係をも維持するならば、われわれは、アジアのパワーバランスにおいて切り札を持つこととなる。

■グローバル視点で政策を

軍事面に加え、人口、技術、通貨、エネルギー依存についても、米国は中国よりもはるかに良い位置にあり、過度の恐怖心で脅える必要はない。日米が協力すれば、今後数十年間の中国の進展状況を見極めることができる。習主席は、鄧小平元主席以来の制度的継承の枠組みを破棄したが、この転換は、中国に重大な長期的脆弱性を与える。

習体制はいつまで続くのか。中国では国家主義が台頭しているが、気候変動、はやり病、テロリズム、金融安定などは、国境を超えた重大な問題であり、いかなる国も他国との協力なしでは解決できない。貿易と投資に関しては、中国がＷＴＯに加盟した時期よりも、市場対策や相互主義に関して、われわれがより強く主張し続けるならば全ての国が利益を得る。

結局、米国と日本はこれまでのところ間違っていなかったのではないか。戦略的な投機が発生する不確実な時代において、われわれのグローバル視点から中国を見る「アウトサイドイン（外部から内側を見る）」対中国政策は、正しいアプローチであることが証明されている。

ナ　『静岡新聞』「論壇」２０１８年６月１日

1-6　米中貿易戦争の冷静な見方

■長期的パワー　米に優越性

米国と中国は、皮肉なことに、外交関係40周年の節目に関税戦争という汚点を残すこととなった。一部の人々は、これをトランプ大統領の責任としているが、２０１６年の大統領選挙でどちらが勝ったとしても、ワシントンは現在のような緊迫状態にあったであろう。多くの米国人は、中国が開かれた市場経済の貿易体制の下で、公正な行動をとってこなかったと感じている。習近平国家主席が鄧小平氏の慎重な国内及び対外政策路線から離脱したことについても、多くの人々は失望している。この背後には台頭する中国が米国最盛期の終焉を招くのではないか、との懸念がある。

いま、中国の力を過大評価または過小評価してはならない。ドル換算で、中国経済は米国経済のおよそ3分の2の規模である。多くの経済学者たちは、中国が米国を追い越して世界最大の経済大国となると予想している。だが、その時期は米中の成長率推計の差異に依存し、2030年から今世紀半ばとされている。

われわれは、米中関係が新たな冷戦または本格的戦争に発展するかもしれない、との誇張された恐怖を持つべきではない。仮に中国がいつの日か経済規模で米国を追い越したとしても、それは地政学的パワーの唯一の尺度ではない。中国は、ソフトパワー指数では米国に大きく後れを取っているし、米国の軍事支出は中国の3倍である。中国の軍事能力が近年増大し続けているとはいえ、軍事力研究の専門家たちは、中国は西太平洋から米国を排除することはできないだろう、と結論づけている。

いま、中国とトランプ政権は対立関係にあるが、長期的パワーの分野では、米国は優越性を維持するであろう。その一つは地理的条件である。米国は海と友好関係を維持しようとしている近隣諸国に囲まれている。一方、中国は14カ国と直接、間接に国境を接しており、インド、日本、ベトナムとの領土紛争を抱えている。これが中国のソフトパワーの制約となっている。

■協力的競争関係 見失うな

米国のもう一つの力の源は、エネルギーである。10年前、米国は輸入エネルギーに大きく依存していたが、今ではシェール革命によって北米はエネルギー輸入国から輸出国となった。中国は、インド洋を通って運ばれている中東からのエネルギーの輸入にますます依存する国となっている。

米国は、中国との競争ゲームで強い切り札を持っているが、ヒステリックな言動によって、この切り札を有効に使えなくなる事態を回避すべきである。同盟諸国や国際機関などとの良好な関係という切り札を放棄することは、このヒステリックな言動の典型的な例である。

一部の人々は、トランプ政権の米中貿易戦争を、中国の略奪的慣習を抑制する大胆な一歩だと称讃している。だがいまの米国は、カーター元大統領が40年前に中国を承認した時に直面していた冷戦と同じような新たな冷戦に巻き込まれているわけではない。米中両国は現在、「協力的競争関係」にあり、その意味を見失ってはならない。

ナ 『静岡新聞』「論壇」2019年6月1日

1-7 米中摩擦と持久戦に強い中国

■ナンバー2に強硬策

トランプ大統領は、中国制裁の「第4弾」として、ついに9月1日より中国への関税を、ほぼ全製品に広げる、と表明した。約3千億ドル（約33兆円）分の中国製品に10％の関税を上乗せする、とのこの発表は、世界の株式市場にショックを与えた。これによって、米中の貿易戦争は持久戦の様相を呈してきた。

米国人は小さい頃から、自分の国を、「リッチエスト（最も豊か）」で「ストロンゲスト（最も強く）」

そして「ベスト（最良）」の国家だと教え込まれている。一言でいえば「米国はナンバー1《ワン》の国」だ、という意味である。トランプ氏が「米国第一主義」を掲げた背景には、こうした一般人の心に潜む優越感がある。

米中貿易摩擦は、米国人のこの優越感にアピールして、ナンバー2の中国を退けようとする経済政策の結果と言ってよい。米国政治では、民主・共和を問わず、ナンバー2の国に強硬な政策を採ることは、常に強い外交政策だ、との認識がある。トランプ大統領が対中貿易で米国からの輸出が米国への輸入を大きく下回って、赤字となっている現状を「米国は長い間、中国にだまされてきた」と選挙演説で大声を上げても、これに強く反論する人は少ない。

反トランプの著名な経済学者でも、「貿易赤字」が中国側の「だまし」によるものではないと知りながらも、反論をしていない。その理由は、この時点で中国を叩かなければ、米国はナンバーワンの座を中国に譲ることになるかもしれない、との脅威感があるからだ。

中国の経済政策が、グローバル・スタンダードから見て、公正で欺瞞的ではない、と主張しているのではない。だが、1990年代の日米貿易摩擦を思い起こしてみると、当時の「日本叩き」がそのまま、あるいはそれ以上の激しさで、いまの「中国叩き」に向かっている。

■愛国心の強い消費者

当時の日本は「21世紀は日本の世紀」「ジャパン・アズ・ナンバーワン」などとおだてられて、「日本的経営」がグローバル・マネジメントの手本だ、と主張して、米国人に恐怖感を与えていた。

当時の米政権は、現在の共和党ではなく、クリントン大統領の率いる民主党政権であった。日本は市場を開放せず、日本企業は米国の技術を盗んでいる。これを放置すれば、ナンバーワンの米国の地位は日本に奪われる、との意識が、米国の一般市民の中に広く浸透していた。

最終的には、日本のバブル崩壊と、米国が仕掛けたとされる日本の銀行に対する自己資本比率の拡大を求めた「ＢＩＳ規制」によって、日本経済はナンバー2の地位どころか、やがて中国に追い越されてナンバー3へと停滞の道を歩むことになった。

中国の場合は、日本のように、簡単に米国に屈するとは考えにくい。日本のような軍事的な米国依存はなく、むしろ対立関係にある。また、ファーウェイのごとき中国企業に対する愛国心の強い消費者の存在も重要である。そして共産党を中心とする国家資本主義体制は、国民の貧困への耐久力を強めるのに効果的だからである。

佐　『静岡新聞』「論壇」２０１９年8月6日

1-8　中国の検閲政策に対峙せよ

■一線を越えた強制

全米プロバスケットボール協会に所属するあるチームの総支配人が最近、ツイートで香港の抗議活動者たちへの支持を表明した。これに対する中国の反応は、招待試合のテレビ中継の中止であった。

中国は、その巨大市場の力を利用して米国人の政治指向を検閲しようとしたのだ。これに対する米国の反応は非常に否定的なものであった。政治家や新聞の社説は、この中国共産党の政策に挑戦する外国人を脅す中国を強く非難している。

一部の人々は、これを中国のソフトパワーの行使と見ているが、それは間違いである。仮に人々が、中国の経済、業績、あるいは文化に惹きつけられるが故に、中国が望むように行動するのであるならば、それは中国のソフトパワーである。しかし、中国が、われわれの行動如何によって市場へのアクセスを許すとすれば、それは強制的なハードパワーである。中国の検閲は米国人が持つ中国の魅力というソフトパワーを傷つけることになる。

一部のアメリカ人は中国が情報操作を伴う「シャープパワー」を用いている、とも批判している。今年（2019年）7月1日付の本欄で述べたが、シャープパワーとソフトパワーは異なった方法で作用する。

人々を説得するためには、情報をいかに構成するかについての選択が伴う。その構成が策略へと変わり、それが主体の自主的な選択を制限するとき、それは一線を越えた強制となる。中国は、外国企業に発言の自由を制限し、またジャーナリストや学者にもビザを制限している。西欧の民主主義国家は、互恵主義および学者やジャーナリストへの平等な待遇を求めるべきである。

民主主義国家が中国のシャープパワーに対峙する時、われわれは、過剰反応をして自分自身のソフトパワーを損なってはならない。彼らの独裁主義モデルと競争するのは過ちである。民主主義的ソフトパワーの多くは、ハリウッド、大学、財団といった市民社会から生じており、これらの機関へのアクセスを禁じるならば、このソフトパワーという資産を無駄にすることとなる。

■境界線の監視重要

中国の合法的なソフトパワーの使用を止めることは逆効果だが、境界線を注意深く監視することも重要である。中国にわれわれの社会の異なった意見を検閲させてはならない。とはいえ、西欧の企業が中国市場へのアクセスを得るために自己検閲を導入すれば、国内で莫大な費用がかさむことになる。

中国が世界中の大学や学校で支援している500もの孔子学院は許容可能なソフトパワーである。だが、それが中国に反対する講演者や講演内容を禁止して学問の自由を侵害しようとしたら、それはシャープパワーとなり、これを許してはならない。

開放性は、民主主義国家が人々を魅惑し、説得する主要な能力源である。たとえ中国がシャープパワーの使用を増やしても、ソフトパワーの自由競争は恐れることはない。世論調査では、われわれはこの点ではるかに先行している。民主主義国家はこの重要な利点を無駄に失ってはならない。

ナ　『静岡新聞』「論壇」2019年11月1日

1-9　米中の技術覇権戦争

■二大経済、結びつき深く

　ペンス副大統領は、２０１８年10月の演説で、中国の通商慣行を厳しく非難した。多くの分析家たちはこれを「新たな冷戦」の布告と解釈した。米中はこの1年間、貿易戦争を展開してきたが、これを新たな冷戦と呼ぶのは行き過ぎだろう。

　米中の二大経済はあまりにも深く結びついており、完全な「断絶」は想像しがたい。事実、ペンス副大統領は今年（２０１９年）の10月の演説ではトランプ政権は中国との断絶を求めているものではない、と明確に述べている。にもかかわらず、国家の安全保障の技術分野では、部分的な断絶は排除できない。

　米国は、今世紀の主要技術開発（バイオ、ナノ、情報）においては、最前線に位置し、米国の主要大学は高等教育と研究の分野において支配的な影響力をもっている。２０１７年の上海交通大学による大学ランキングでは、世界のトップ20校のうち、16校が米国の大学で、中国の大学は一校も入っていない。だが、中国は巨額の研究開発費によって、いまや、いくつかの分野では米国の良きライバルとなっている。そして30年までにＡＩ（人工知能）のリーダーとなる目標を掲げている。

　一部の専門家たちの見方では、巨大なデータ資源とプライバシー情報に制限がない中国の制度のもとで、機械学習の進歩には最先端の科学者よりも熟練技術者を必要とする事実を考慮に入れれば、中国のＡＩの目標は達成できるかもしれない。

中国の技術進歩は、もはや模倣のみに依存するものではない。中国のサイバー空間での知的財産の盗用、他国の知的財産の強要による譲り受け、そして国有企業への助成金などの不公正な貿易慣行に対するトランプ政権の罰則は、適切な処置である。米国は中国の世界貿易機関（ＷＴＯ）への加入を支持したが、中国は、貿易で自国のためにのみ政府権力を使っている。こうした行為に対しては、相互主義の強化が求められる。

■「行き過ぎた断絶」は禁物

中国が安全保障上の理由からグーグル社やフェイスブック社を中国市場から除外するならば、米国も同様の処置を取るべきである。たとえば、中国のファーウェイ社やＺＴＥ社に対して米国での５Ｇネットワーク構築を許すべきではない。国家の安全保障に重大な意味を持つ技術分野では、米中経済の結びつきを解消すべきである。とはいえ、米国は過剰反応をして、「行き過ぎた断絶」政策をとってはならない。

中国の挑戦に対する米国の採るべき対応は、制裁よりも米国内の技術開発のさらなる成功である。自己満足は常に危険だが、自信の喪失と、誇張された恐怖がもたらす過剰反応もまた危険である。マサチューセッツ工科大学（ＭＩＴ）のドイッチ元副学長の見解によれば、米国が技術開発の潜在的能力を最大限に発揮すれば、「中国の偉大な躍進をもってしても、米国とのイノベーション・リーダーシップの格差を数歩縮めるにすぎない」のである。

ナ

『静岡新聞』「論壇」２０１９年12月１日

1-10　中国のソフトパワー戦略

■市民社会の人材に自由を

中国は、新型コロナウイルス対策の初期段階で失敗した、との批判をかわすため、ここ数カ月間に、ソフトパワー・キャンペーンを開始した。中国は、他国に親切心を示し、より魅力的に見えるように、医療物資などを送っている。だが、この新しい試みが成功するか否かは不明である。

私は、1990年に出版した著書で「ソフトパワー」という新語を造り出したこともあり、この概念が中国でどのように扱われるか、長い間興味を持っていた。中国はハードパワーの面で劇的に発展した。これにソフトパワーが伴えば、さらに他国に受け入れられやすくなる、と中国のリーダーたちは悟ったのであろう。

これはスマート（賢い）戦略である。なぜならば、中国の軍事および経済のハードパワーの増大に脅威を感じた近隣諸国は、中国に対抗して同盟を結ぶ可能性があるからである。中国の台頭がソフトパワーの増加を伴えば、この同盟に向かう動機は弱まることになる。

胡錦涛前国家主席は、2007年の第17回中国共産党大会で、中国はソフトパワーにさらに投資する必要がある、と述べた。この政策は現在も習近平国家主席の下で続いている。中国のソフトパワー戦略は、部分的な成功を収めた。何億人もの人々を貧困から救った経済成長の目覚ましい記録と伝統的な文化は、中国の重要な魅力源である。

だが、世論調査によれば、中国は、アジアを含む世界の大部分の地域で、総合的な魅力に関して米国に後れを取っている。英国の「ソフトパワー30」の指標によれば、中国は27位である。

中国人は、ソフトパワーの向上に関して、しばしば、私に質問してくる。私のアドバイスは常に同じである。一国のソフトパワーの多くは、政府よりも市民社会から生じる。宣伝は信用されないし、人を惹きつけない共産党の厳格な統制との調整が困難ではあろうが、市民社会の人材にさらに多くの自由を与える必要がある。

中国のソフトパワーはまた、近隣諸国との領土紛争によっても阻害されている。中国の海軍艦艇が南シナ海の紛争水域から漁船を追い出す行動をとれば、中国文化を教える孔子学院を設立しても、ソフトパワーの魅力は生まれない。

■より根本的な改革が必要

かつて、私は、北東大学のマルクス経済学部に招かれ、1500人の学生に対する講演を行った。市民社会に対する厳しすぎる統制の一例として、私は、中国の偉大な芸術家、文化・社会評論家のアイ・ウェイウェイ氏（現在ドイツ在住）への政府によるハラスメントに言及した。

聴衆からはかすかな笑い声がもれたが、私の講演が終わると、学部長が壇上で、「ここにナイ教授をお迎えできて大変光栄である。だが、教授の概念の使用は非常に政治的であり、学生諸君は、これを文化的問題に限定して使用すべきである」と述べたのである。

私は、中国の現在のソフトパワー戦略は十分ではなく、その成功には懐疑的である。より根本的な改革が必要なのである。

㋤『静岡新聞』「論壇」2020年6月1日

1-11　米中対立への新しい戦略

■過去50年で最悪の関係

現在の米中関係は過去50年間で最悪の状態にある。一部の人々は、トランプ大統領に責任があると非難しているが、彼はむしろ、すでに発生している火災に油を注いだ人物である。火災をおこしたのは中国首脳部である。彼らは、重商主義的貿易、知的所有権の窃盗や強制的な移転、そして南シナ海の人工島の軍事化などの対立的行動に出たのである。米国は民主・共和の党派を問わず、これに反発しているが、今のところ、中国への新戦略は明確に示されていない。

ワシントンの多くは、この空白を新たな冷戦として対処しようとしているが、歴史的な比喩は誤解を招くおそれがある。米国とソ連の間には、商業的あるいは社会的接触がほとんどなかった。だが、米国と同盟諸国は現在、中国と多額の貿易取引を行い、何十万人もの中国人学生が米国の大学に留学している。米国の第5世代（5G）移動通信システムからファーウェイ社を除外することは、安全保障上理にかなっている。だが、世界のサプライチェーンを遮断すれば、多額のコスト増となるだろう。

さらに、たとえ米国が経済のグローバル化から離脱したとしても、生態系のグローバル化の相互依存から離脱することはできない。パンデミックや気候変動は、生物学や物理学の法則に従うが、政治的法則に従うものではない。米国は、単独でこれらの問題を解決することはできない。われわれは、「他者の上に立つパワー」と「他者と協調するパワー」の相違を学ばなければならない。気候変動やパンデミックの対応に成功するためには、中国と協働して対処しなければならない。

しかしながら、例えば、南シナ海における航行の自由を守るために米海軍を出動させること、あるいは人権推進のために中国に制裁を加えることも必要である。トランプ氏の公式的戦略は「大国間競争」だが、米国民を守ることができなかった。コロナ禍による米国の死者数は、1945年以降の米国の全戦死者数を上回っている。

■協力と競争　冷戦を回避

中国への新たな戦略は、戦争または冷戦を回避することを目指すべきである。だが、それは、可能な場合は協力し、必要な場合は競争する戦略である。その目標は、米国の同盟関係を強化し、国際機関との協調を図り、同時に米経済とその技術的優位性を維持するためのてこ入れをすることである。これによって、中国の対外的行動を抑制することができる。

中国は巨大市場へのアクセスからパワーをつくり出している。米国も同様だが、その他に魅力というソフトパワーを増大させる開放性と価値観を世界に示すことでパワーをつくり出している。さらに、米国の軍事力は、中国と友好関係にあるにもかかわらず、中国の支配を好まない多くの国々によって歓迎されている。

新たな戦略は、中国を協力的相手であると同時に競争相手として扱い、この両側面に等しく対処することである。中国を悪鬼扱いしないこと、また現在の米中関係を米ソの冷戦時代と同じだと類推しないこと。こうしたことができれば、この新しい戦略で乗り切ることが可能である。

ナ『静岡新聞』「論壇」2020年9月1日

1-12 中国の国家主義と南シナ海

■性急な行動求める流れ

中国とベトナム両国がそれぞれ領海権を主張している南シナ海において、中国が大規模な海底油田掘削装置を設置した。両国の艦船が衝突し、互いに放水攻撃を繰り返した。ベトナムでは労働者の暴動が起きて、各地で中国系の工場が焼き払われている。こうした中国の行動の背後には、いかなる戦略があるのか。

1980年代、中国が経済発展の推進のために市場メカニズムを導入した直後、鄧小平氏は同志たちに、国内の発展を危うくする対外的冒険は慎むべき、との警告を発した。2007年、胡錦涛元国家主席は第17期の党大会で、中国はソフトパワーに、より多くの投費をすべきと訴え、その目的に何十億ドルをも費やした。経済力と軍事力が大きく伸びている国として、これは賢明なスマートパワー戦略である。

こうして中国は、近隣諸国の恐怖感を減らし、中国パワーとの拮抗を企てる反対勢力を押さえようとしていた。だが、首脳たち以外の官僚及び世論の代役を果たしているネット社会の双方において、強い国家主義の流れが顕著になってきた。彼らはより性急な行動を求めている。

中国はアジアでソフトパワー、すなわち中国の魅力を増進するために何十億元も費やしている。だが中国の南シナ海における行動はこのメッセージと矛盾するものである。中国の友人や高官に、なぜ逆効果をもたらすような戦略をとるのか、と尋ねたことがある。

彼らの最初の建前的な答えは、中国はこの地域に歴史的に領有権をもっており、中国国民党時代の地図が示すように、南シナ海に深く入り込んでいる九点破線で描かれたU字型の領海がそれに含まれる、というものである。現在、この地域の海底資源や漁場へのアクセスを可能にする技術が発達し、この世襲財産を放棄することは不可能、というものだ。

■非生産的で誤った戦略

しかし、中国は、この九点破線の正確な位置、また彼らの主張がどの地形を意味するのか、あるいはより包括的な大陸棚や海域を含むのか、を一度も正確に示したことはない。なぜこの点を明確にしないのか、と尋ねると、それは、国内の国家主義者にとっての難題であり、政治的かつ官僚的な難しい妥協が求められる問題だから、と答える。

2002年、中国とASEANはこのような紛争を処理するため、法的には拘束力のない行動規範に合意した。だが、中国は大きなパワーを持つ国として二国間交渉が多国間交渉よりも小国に対して有利であることを知っている。より強化された行動規範に関するＡＳＥＡＮ共同声明を阻止するため、中国は２０１２年にカンボジア、そして今年（２０１４年）はミャンマーに圧力をかけたが、その背後にはこの考え方がある。だが、これは誤った戦略だ。

大国としての中国の地位を考えれば、この規範に合意することによって、自らが招いたダメージを軽減させることができる。いまは国内の強い国家主義がある故に中国政府は非生産的な戦略を取らざるを得ないのである。

ナ 『静岡新聞』「論壇」２０１４年６月１日

1-13　外交政策と政治的モラル

■国益どう定義して追求

トランプ大統領のイラン司令官殺害の軍事行動が、ワシントンで重大な政治問題として論議されている。こうした軍事行動は政治的モラルに反する、と見る人がいる一方で、大統領の外交政策はモラルに反するか否かではなく、単に成果が達成されたか否かで評価されるべきだ、という人もいる。

外交問題は、厳格な国益の公式の適用によって解決されるものではない。むしろさまざまな価値概念のトレードオフの選択に依存する。全ての国家は国益にかなうべき行動をとる、は、同調反復で、自明の表現にすぎない。重要な問題は、国のリーダーたちが国益をいかに定義し、それを追求するかである。

トランプ政権の行動は、外交策の政治的モラルの理論的な側面からではなく、トップニュースの報道として人々の関心を引き寄せた。たとえば、2018年にサウジアラビアの反体制派ジャーナリスト、カショギ氏がイスタンブールのサウジアラビア領事館で殺害された際、トランプ大総領は、残忍な犯罪の明白な証拠を無視して、サウジアラビア皇太子と良好な関係を維持しようとした、と批判された。

リベラルなニューヨーク・タイムズ紙は、トランプ氏のカショギ氏についての声明を「事実を無視した、痛恨の念なき取引」と断定。また、保守的なウォールストリート・ジャーナル紙は、社説で「われわれが知る限り、ニクソンやジョンソンのごとき非情な実用主義者でさえ、米国が持つ伝統的な価値観の長所や魅力に触れることなく、こうした公式声明を出した大統領は一人もいなかった」と書いた。

原油へのアクセス、軍事装備の売却、中東地域の安定性は国益だが、他者への魅力となる価値もまた国益である。これらをどのように組み合わせるべきか。

■目的、手段、結果の均衡

あいにく、道徳と外交政策に関するこれまでの議論は、場当たり的で、トランプ氏の性格が議論の焦点となりがちである。洞察力の鋭い記者がかつて私に「トランプはユニークではなく、極端だ」と告げたことがある。私の新書、『モラルは重要か』では、トランプ氏の行動のいくつかは、第2次世界大戦以降の米大統領たちの記録の中で、前例のないものではないことが記されている。

モラルの高い外交政策には、目的、手段、および結果の三次元的な比較とそのバランスが求められる。目的VS結果とその手段も考慮されなければならない。さらに、その外交政策は、他国に対してもモラルを重視する制度的秩序を奨励するものでなければならない。また他国の反体制派あるいは迫害を受けている集団を助けるなどの政策は、報道価値の面でも重要な意味をもつ。

政治的モラルが外交政策に何の役割も果たしていないかのごとく論議するのは、明日太陽が昇らないと想像するのと同様である。われわれは、外交政策の道徳的側面を、より効果的な方法で分析する必要がある。

ナ 『静岡新聞』「論壇」２０２０年２月１日

1-14　米中会談と世界体制転換の罠

■貿易戦争の布告発せず

最近フロリダで行われたトランプ大統領と習近平主席との首脳会談での最重要成果は、懸念されていたことが「起きなかった」点である。貿易戦争の布告や米中協力の崩壊は起こらなかった。トランプ氏は選挙運動中、中国を通貨の不正操作国と断じ、40％の関税を課すとしていた。だが4時間の会談後、両首脳は、米中の貿易関係について１００日間の調査期間を設ける、と発表した。

中国は「万里の防火壁」を隠れみのにして、外国人に対し中国経済の大部分を閉鎖しているにもかかわらず、習主席は1月のダボス会議で、トランプ氏の反グローバル化発言に対して、中国はグローバル化の恩恵を受けている、と語っていた。

習氏の演説は、私が「キンドルバーガーの罠」と呼んでいる事態に、中国が陥らないだろう、との歓迎すべきヒントを与えていた。この名称はマサチューセッツ工科大学（MIT）のキンドルバーガー教授の主張に由来する。

教授は、世界最強国の米国が、1930年代の壊滅的な10年間、英国に代わって、国際公共財の提供の役割を果たさなかったと主張している。その結果、自由主義的な国際秩序は崩壊し、経済恐慌、集団虐殺、世界大戦が起きた。当時の新興国米国が、国際体制転換の罠にはまり、新たな役割を担わなかったが故に世界が大混乱に陥った、と教授は論じた。

今後中国の国力が増大する中で、安定した気象、金融市場の安定、自由貿易と海洋航行の自由などの国際公共財の提供で、中国は米国と協力するだろうか。

中国は自らが関与してこなかった自由主義的国際秩序に貢献しないでタダ乗りをするのではないか、と懸念する向きもある。今のところ、中国に対する評価はまちまちだ。中国は、安全保障理事会で拒否権を持つ国連では利益を得ている。今や国連平和維持軍の資金提供国としては第2位であり、エボラウイルスや気候変動に関連する国連プログラムにも参加してきた。また、世界貿易機関（WTO）、世界銀行、国際通貨基金（IMF）のごとき国際経済機関からも大きな利を得ている。

■国際秩序へ順守と挑戦

2015年、中国はアジアインフラ投資銀行を発足させ、一部ではこれが世界銀行に取って代わるのでは、と懸念していた。しかし、この新たな機関は国際ルールを順守しており、世界銀行と協力している。だが一方では、南シナ海の領土主張に対する昨年の常設仲裁裁判所の判決を中国は拒否し、困難な問題を引き起こしている。

中国の行動は、自らが得をする自由主義的世界秩序を覆そうとはしていないが、その内部で中国の影響力を高めようとしている。しかし、トランプ政権の政策によって貿易戦争に追い込まれれば、中国は引き続き協力をし続けるのか、あるいは世界をキンドルバーガーの罠に陥れる、破壊的なタダ乗り国家へと転じるのか。

最初の首脳会談からの朗報は、両首脳が問題の重大性を認識し、米中協力の崩壊は回避したいと望んでいるかに見える点である。

ナ『静岡新聞』「論壇」2017年5月1日

1-15　英国のEU離脱の影響

■世代、地域間で意見対立

6月の国民投票による英国の欧州連合（EU）からの離脱の決定は、結果に拘束力はないものの、英国経済と世界市場に大きな衝撃を与えた。英国は依然として世界第5位の経済大国であり、英国を含めたEUの経済は米国経済をもしのぐ、世界最大の規模である。

英国の保守党は、欧州における英国の役割についての見解の相違で何十年もの間分裂状態にあった。

だが、残留派が勝つことを予想していたキャメロン前首相は、国民投票を公約に掲げて党をまとめようとしてきた。結果は僅差で、英国の離脱（「ブレグジット（Ｂｒｅｘｉｔ）」）支持派の52％が、残留支持派の48％を上回った。

投票の最終結果は、英国内の意見の対立を知る上で興味深い。投票調査によれば、若者が残留を望んでいるのに対して、高齢者は離脱を望む人が多数を占めた。しかも、高齢者は若者と比べて投票率が高かったのである。

地理的に見ると、国際都市ロンドンでは残留派が圧倒的に多かった。より深刻な問題は、多くのスコットランド人は残留を強く望んでおり、仮に英国が離脱を実行すれば、スコットランドは英国から分離して欧州にとどまるべき、と主張している点である。

英国が欧州連合条約の第50条を発動して、２年間の離脱条件の交渉を始めるまで、法的には何も変わらない。経済統合を解体し新たな貿易協定を締結することは容易ではない。英国の一部の評論家は、国民投票が法的拘束力を持たないのだから、議会はこの票決を無視すべき、と論じている。

テレサ・メイ新首相はキャメロン前首相の欧州連合残留キャンペーンを支持していたが、彼女の態度は曖昧で、いまは国民の意思を無視できない、と述べている。つまり離脱の可能性はそのままである。他の人々は、新たな選挙の可能性や交渉の長期化を考えれば、まだ決着がついたわけではない、としている。

■英欧弱体化、日米に波及

英国離脱の地政学的影響はすぐには現れないだろう。欧州連合は一時的に結束を強めるかもしれないが、その使命感や、ヨーロッパの魅力というソフトパワーに悪い影響が及ぶだろう。金融市場の安定性や移民問題への対応はますます困難となるだろう。スコットランドの分離運動が再発するかもしれない。また近年顕著になった内向き傾向に拍車がかかる可能性もある。さらに、長期には、世界のパワーバランスと自由主義的国際秩序に対しては、負の影響を与えるだろう。

中国の台頭、力は衰えてはいるがリスクを取り、欧州政治に干渉しようとするロシアの対外政策、そして中東の混迷の長期化の可能性などを考えれば、国際秩序の長期的安定のためには、欧米間の密接な協力が不可欠となるであろう。仮に英国離脱が欧州と英国の双方を弱めることになれば、国際システムも混乱する可能性が高い。これは米国および日本を利するものとはならない。

ナ　『静岡新聞』「論壇」2016年8月1日

1-16　どこへ行くプーチンのロシア

■衰退の危険性抱えた国

昨夏、プーチン首相がメドベージェフ首相に代わり大統領に復帰すると発表した時、驚く人はほとんどいなかった。また最近の下院選挙でプーチン首相の政党が勝利を収めた際、広範囲に及ぶ不正選挙が行われたとの訴えを不思議に思った人も誰一人いなかった。意外だったのは、モスクワやその他の都市で、5万人に上るロシア人が抗議活動を行ったことである。プーチン氏は偉大な政治家を目指しているが、ロシアは衰退の危険性を抱えた国である。

ソ連と異なり、ロシアは共産主義のイデオロギーや煩雑な中央の計画経済によって阻まれてはいない。民族的分裂の脅威はあるがその可能性は低い。ソ連時代のロシア民族は50%だったが、現在は81%である。

しかしながら、効率的な市場経済に必要な政治体制はほとんど整っていない。新興成金たちの汚職まみれのロシア資本主義には、市場の信頼性を保証する効果的な規制が欠けている。公衆衛生システムも混乱している。死亡率が上昇し出生率は下降しているし、ロシア人男性の平均寿命は60歳で先進国としてはきわめて短い。国連の人口学者の推計では、現在の1億4800万人の総人口は21世紀半ばには1億2100万人まで減少すると予想される。

むろん、ロシアの将来像は多様である。極端な例として、一部の分析家は、ロシアは工業化した外貨依存の政治不安定国となり、腐敗した制度で人口・健康問題を克服できない衰退国家に転落せざるを得ない、と見ている。

逆に、改革と近代化によって、ロシアの首脳部は問題解決の方向に向かっている、と見る向きもある。2009年末、メドベージェフ大統領は、ロシア経済の近代化、天然資源への過度の依存からの脱却、さらに世界の列強国への道を阻む旧ソビエト的態度の排除等の必要性を強調した。

■「真剣な改革」必要な時

しかし、メドベージェフ大統領にはこれを実行するための権力基盤がない。特に公的機関がほとんど機能していない現状では、その改革手法は過度に国家統制主義的となった。機能不全の政府と蔓延する汚職体質が近代化を困難なものにしている。アルファ銀行の頭取ピョートル・アーヴェン氏は次のように述べている。「経済的には、ロシアは旧ソ連にますます似てきている。強大な社会的負担が増える一方で、石油への異常な依存度が高まり、資本と真剣な改革が今ほど必要な時はない。停滞の脅威が待ち受けている」

将来いかなる道を歩もうとも、ロシアは、核保有国、優れた人的資本とサイバー技術、そしてヨーロッパとアジアに挟まれている立地等から見て、世界という舞台では大国であり続けるだろう。ロシアは強大な資源国である。それにより世界に重大な問題を引き起こすこともできるし、また大きな貢献を行うこともできる。最近モスクワで中間層が発信した抗議者たちの覚醒のメッセージが、プーチン氏に改革の必要性を認識させることを期待する。

［ナ］『静岡新聞』「論壇」2012年1月1日

1-17　対北朝鮮政策の選択肢

■核戦争の可能性は低く

米国と北朝鮮との脅迫的な言葉の応酬が続いているが、朝鮮半島での核戦争の可能性は低い。金正恩氏が米国を焼き尽くすと脅せば、トランプ氏は北朝鮮を「炎と怒り」で攻撃すると牽制しているが、双方とも核の自滅行動はとらないだろう。しかしながら、通常の戦争の危険性と誤算のリスクは存在する。1914年、バルカン戦争が4年に及ぶ第1次世界大戦となる、と予想した人は誰もいなかった。

米朝の対立は、1950年6月に金日成が38度線を突破したことにさかのぼる。1953年、朝鮮戦争は和平ではなく、休戦で終結した。厳密に言えば、米国と北朝鮮は現在も戦争状態にある。70年にわたる対立の後、非武装地帯は双方の軍によって取り囲まれている。

双方には深刻な不信感がある。北朝鮮側は、米国が北朝鮮政権自体の解体を望んでいるとし、核兵器が政権存続の保障に必要と信じている。米国側は、交渉のために多大の努力が北朝鮮の合意の違反によって裏切られた、としている。

国連の制裁にもかかわらず、北朝鮮は現在、核とミサイルの実験を繰り返している。6回目の核実験後、北朝鮮は、米国への到達可能な小型弾頭を開発した、と発表した。断固としてそれを阻止すると言うトランプ氏は、金正恩氏が政権維持の保障を望むのならば、核を放棄し、平和条約に調印すれば問題は解決、と主張する。

残念ながら、北朝鮮は現状維持では満足しない。政権の保障のみならず、朝鮮民族の統一のイデオロギーを持っている。そのためにはより繁栄している韓国を威嚇する能力が必要だと考えている。タフツ大学のスン・ユーン・リー教授の最近の警告によれば、「北朝鮮は、韓国を孤立させ、朝鮮半島を支配するために必要な手段として米国を脅迫している。これが、金正恩政権の長期的な存続を確実にする」。この核による脅迫理論は、北朝鮮の米国都市への攻撃によって、韓国を脅す政治的力を増大させ、金王朝の国内における正当性を不動のものにする、と主張する。

■軍事、経済、外交も困難

一方で、米国の北朝鮮に関する情報や評価は極めて不完全である。特に北朝鮮の人口の1割ほどが餓死した90年代には、多くの米国人は、金政権は10年も持たないだろう、と確信していた。北朝鮮は諜報機関の対象としても、制裁対象国としても、難しいターゲットである。

選択肢は限られている。一部の軍事計画の関係者たちは、「外科手術的」な破壊攻撃やミサイルの撃破などを望んでいる。だが、もしこれがエスカレートし、莫大な死傷者が出れば、同盟諸国に受け入れられない。

一方、経済制裁は政権への圧力となるが、主要な核資産の放棄に結びつく可能性は低い。中国を通じての外交努力は、うまくいかないだろう。中国は北朝鮮の兵器よりも国境における混乱を恐れているからである。今後起こり得る可能性として最も高いのは、北朝鮮の封じ込めと核戦争の抑止であろう。

ナ　『静岡新聞』「論壇」2017年10月1日

1-18　米朝会談の決断の背景

■金正恩氏の巧妙な戦略

トランプ大統領の米朝会談の決断は、米政権内の多くの人々を含め、世界中を驚かせた。それ以前には、メディアは米国がいわゆる「鼻血作戦」を使って、米国の意図を伝えようとしているとうわさしていた。鼻血作戦とは、先に相手を殴って出血させ、士気を喪失させる先制攻撃である。

国連の制裁にもかかわらず、北朝鮮は核実験とミサイル実験を繰り返してきた。北朝鮮は6回目の核実験後、米国への到達可能な小型弾頭を開発した、と発表した。トランプ氏はこれを絶対に許すことはできない、と反撃していた。だが、そのトランプ氏が今、会談に応じると発表した。何が起こったのだろうか。

私見では、金正恩氏は自らの戦略を巧妙に変えている。状況の変化に応じて冷たい風あるいは温かい風を送ってくる。最後のミサイル実験後に、金正恩氏が望んだことは、米国に甚大な被害を与える核兵器で、韓国もその威力を認めざるを得ない兵器の開発である。彼は、これによって、北朝鮮経済の失敗が原因の南北の政治的不均衡を是正できる、と考えた。一方で畏怖すべき存在との定評を持つ金正恩氏は、次に、新年の演説とオリンピック外交というソフトアプローチを試みた。

金正恩氏は正しい決断能力があることを示そうとしている。米朝会談は、米国の先制攻撃の脅威を弱めるし、また韓国の自由主義的な世論を取り込むことも可能にする。そして、米韓の軍事演習が中止されれば、非核化に向けた次のステップに合意すると偽ることもできる。北朝鮮は過去にもこうした約束をしてきたが（何度も違反した）。

あいにく、北朝鮮は現状では列強ではないので、単なる体制の保障以上のものを望み、より豊かな韓国をおびえさせる力を求めている。これこそ、金正恩氏が体制の長期的存続を確実にするための方策で、金一族の国内での正統性を揺るぎないものにする道である。

■米と日韓の連携が重要

金正恩氏の長期目標は、米国の韓国に対する保証の信頼性を弱め、南北統一を北朝鮮の条件で実行するべきと、韓国に圧力をかけることである。これに対して、米国の対応は、朝鮮半島の非核化という長期的な目標を設定し、北朝鮮に核実験の中止を求めることである。米側も演習の強度を弱めるなどの緊張緩和に向けた段階的な実施計画案を作成することである。

米国は、金正恩氏の行動にかかわらず、核の傘で守ると韓国を安心させることが必要である。韓国駐留米軍は、撤退すべきではない。それは核の傘の信頼性を交渉戦略として用いることができるからである。また米国は、金正恩氏が日米同盟の強固さを疑わしきもの、としないように、日本とも密接に連携すべきである。

トランプ氏は、金正恩氏が米国への脅威となっているが、米国はこれを阻止できる、と誇張してきた。だが、対話路線は、これまでの対立政策よりもはるかに望ましい。戦争は最大の災禍だからである。

ナ　『静岡新聞』「論壇」２０１８年４月１日

1-19　トランプ氏は偉大な交渉人か

■自伝で自らの手腕誇示

トランプ大統領は先月末、ハノイで北朝鮮の金正恩氏と会談を行った。トランプ氏は大統領になる前に、「トランプ自伝―不動産王にビジネスを学ぶ（日本語訳、ちくま文庫、２００８年）」の中で、交渉人としての自らの手腕を誇示していた。

トランプ氏の支持者たちは、彼の交渉術が交渉断絶の国、北朝鮮を変えることができる、と信じている。彼らは、金正恩氏との2回目の会談が、トランプ氏のノーベル平和賞受賞につながるだろう、と見ている。だが、より懐疑的な人たちは、「小さなロケットマン」と嘲られた金氏が、「偉大な交渉人」たるトランプ氏を欺いている、と考えている。

1回目の首脳会談からの良いニュースは、トランプ氏によって作為的に誇張された朝鮮半島戦争の可能性が減ったことである。この視点からは、継続的な交渉は歓迎されるべきである。しかし、悪いニュースとしては、トランプ氏が、金氏の正当性と北朝鮮の地位を引き上げたが、米国は何も得ることなく、韓国との同盟を弱めた点である。トランプ氏は、金氏との親密な手紙を示し、核の問題は解決した、と時期尚早に宣言した。だが、金氏は叔父と兄を殺した人物で、個人的な良好関係が問題の解決にはつながらない。

トランプ氏と金氏が合意した会談の内容には、多くの曖昧さがある。米国は北朝鮮の安全保障を約束し、北朝鮮は最終的に朝鮮半島の完全な非核化を約束した。両国は「持続的かつ安定的な」平和関係を約束した。そして、トランプ氏は、米韓共同軍事演習を減らす、と記者団に発表した。

偉大な交渉人を自認するトランプ氏だが、彼が得たものは少なく、過去の米大統領たちが提示してきた以上のものを金氏に与えてしまった。トランプ氏は、金政権が何度も約束し、それを破ってきた過去の約束よりもさらに弱く、より曖昧な約束をとりつけたにすぎない。

■非核化はしない北朝鮮

核兵器は、金独裁政権の国内向けの正当化の役割を果たしている。私がクリントン政権の国防総省に勤めていた際、金氏の祖父、金日成は核計画について米国を欺いた。その後、彼の父親、金正日はブッシュ・オバマ両大統領に嘘をついた。なぜ、非核化という曖昧な約束をまた信じなければならないのか。トランプ支持者たちは、彼が優れた交渉人であるが故に、今回は前回とは異なる、と言う。だが、トランプ氏は実質がなく美辞麗句を並べた表面的な妥協で手を打とうとしているように見える。

ハノイ会談では米朝は合意に至らなかった。仮に合意したとしても米国の日韓両国との同盟を弱める危険性につながっていただろう。金一族の長期的な目的は、朝鮮半島の支配と、韓国からの米国の排除である。金氏は経済制裁の解除を求めるが、非核化はしない。もちろん、表面的なものでも戦争よりはよいし、交渉は続けなければならない。だが、虚偽の約束の見返りに日米韓同盟への損失を受け入れるべきではない。過去の経験を忘れてはならない。

ナ　『静岡新聞』「論壇」2019年3月1日

第2章　アメリカの政治状況とソフトパワー

2-1　国の指導者と情報判断能力

■新局面に適応できるか

ブッシュ（ジュニア）前大統領の回顧録が出版され、国家の指導者に求められる状況判断能力の問題が論議を呼んでいる。ブッシュ前大統領は、リーダーとしての自らの役割を「最終的決断者」であったと豪語していたことは有名な話である。だが、それ以前の問題として異なる状況下で如何なるプロセスで物事を決めていくのかを決断することこそ、最終的決断と同様重要なのである。ブッシュ前大統領はイラクの複雑な状況を把握していなかった。状況を把握する判断能力なしで「最終的決断者」となっても十分な仕事はできない。

多国籍企業のGE社は、数々のリーダーを輩出してきたことに誇りを持っている。だが他の大企業の社長に転職したGEの野心家たちの半数は、期待はずれで終わっている。なぜリーダーたちのある者は一つの状況下では成功するが、他の状況の下では失敗するのだろうか。多くの場合、彼らの失敗はこれまでの経験とは異なる新しい業界や新しい企業風土に適応できなかったためである。

秀でた状況判断能力を持っていれば、自らの仕事のスタイルを新たな状況や部下のニーズに適応させることができる。多くの場合、部下から正しい答えを得るよりも、自らが部下に正しい質問をする方がより困難である。状況判断に優れた能力を持つリーダーは、共に働くグループが直面する問題を明確に認識することによって、その意味するところや解決の道筋をうまく教示することができる。一つの争点に異なった価値観が存在する場合には、優れたリーダーたちは、そこに生ずる緊張関係の重要性を理解する。また望ましきものと実現可能なものとのバランスがどこにあるかをも理解している。

心理学者は人間の知性が複数の形で存在する、という点で一般的に合意している。今日われわれがIQ（知能指数）として計測しているものは、1世紀前のフランスの学校制度の中で開発されたものである。したがってIQは、日常生活の上では必要ではないが、言語学、数学、地理学の分野で学業での成功を予測する能力指数と考えられてきた。状況判断能力は、認知的分析能力の部分と、経験から生まれる無意識的な知識の部分から成る。無意識的な知識は、言葉ではうまく表現できない暗黙的経験則として表される。いくつかの状況では、成功のためには「学業での利口さ」よりも「実生活での賢さ」の方がはるかに重要である。だが、新奇な状況に遭遇した場合には、経験よりも判断力が重要な役割を果たす。

■試されるオバマ大統領

米国の歴代大統領の中で、レーガン大統領は純粋な認識能力に関しては欠陥を露呈したこともあったが、全般的には優れた状況判断能力を持っていた。カーター大統領は優れた認識能力を持っていたが、状況判断能力に関しては欠けた部分があった。いわゆるベスト・リーダーと尊敬されてきた人々は状況が変わってもそれに適応して自らの能力を十分に発揮することができた指導者たちである。たとえばアイゼンハワー大統領は、軍事面でのリーダーとしても、また大統領としても、成功した人である。だが指導者の多くは、固定した特定分野での技能は持っていても、新たな分野に対してはしばしばその反応が限定的である。情報時代のたとえを用いるならば、彼らに求められるのはブロードバンドの容量を広げ、異なった周波数にも対応できる能力を高めることである。

オバマ大統領に関していえば、大統領選に立候補した2008年当時と比べ、大統領が現在直面しているのは、2010年の中間選挙後劇的に変化した与野党ねじれの政治状況である。オバマ大統領はすでに二大政党の提携スタイルに適応し始めている。今後2年間は、彼の状況判断能力が厳しく試される期間となるだろう。

ナ『静岡新聞』「論壇」2011年2月1日

2-2　米国衰退論の根拠は何か

■依然世界の先頭走る力

米国はいま今秋の選挙戦に向けて大きく揺れ動いている。オバマ大統領の再選を阻止しようとする共和党は、オバマ氏が米国の衰退を容認しようとしている、との批判を強めている。この種の見方は共和党に限ったものではない。

最近のピュー・リサーチセンターの世論調査によれば、調査対象の22カ国中15カ国で大多数は、中国が「世界をリードする超大国」として今後アメリカを追い越すか、あるいはすでに追い越している、と見ている。こうしたムード的印象は、2008年の金融危機以降の米経済の低成長と財政問題を反映したものだが、先例のない話ではない。

米国人には、長年自国の力に誤った評価を与える癖がある。スプートニク衛星の打ち上げ後は、ソ連人が大きく優れた存在となった。1980年代は日本人。そして今度は中国人である。中国は巨大人口と高い経済成長率によって、そのGDPは間もなく米国のそれを上回るだろう。だが、私の著書「スマート・パワー」で示したように、そのことは中国が最強国家たる米国を追い越すことを意味するものではない。

たしかに米国は深刻な問題を抱えているが、米経済は依然大きな生産力を持っている。研究開発支出の総額、大学ランキング、ノーベル賞受賞者数、起業家指数などで米国は世界第1位を占めている。また世界経済フォーラムによれば、経済競争力では第5位（中国は第27位）である。さらに、米国はバイオテクノロジーやナノテクノロジーなどの最先端技術においても先頭を走り続けている。これが経済衰退国の姿とは言い難い。

シンガポールのリー・クアンユー元首相がかつて私に言ったように、中国は13億人の良き人材に頼ることができるが、米国は世界人口70億人の人材に頼ることができる。それだけではない。米国は70億人を再結合させて創造性を高める多様性の文化をもつくり出すことができる。だが、国家主義の漢民族にはそれは不可能である。

■深刻な問題も解決可能

米国政治の非効率性を憂慮する、と解説する人も多い。たしかに米国の政党政治はいま大きく二極分化している。だがこの卑しき不快な政治は何も新奇な現象ではなく、米国の建国の時期にまで遡る。米国の行政と政治は常に問題を抱えている。いま急に思い出せないが米政治史には現在進行中のショーと化した政治メロドラマよりも劣悪な時代があったのである。

米国は負債、中等教育、政治的麻痺状態などで大きな問題に直面しているが、それは一側面にすぎない。論理的また長期的に見て、これらの諸問題は解決可能なのもむろん、永遠にこれらの解決策には手が届かないこともあるかもしれないが、論理的に解決皆無の問題と、論理的には解決可能な問題を区別して対応すべきである。

米国人が利用可能な解決策をつかみ取るか否かは定かではない。しかし中国は「米国のしたたかな競争相手」となることは確かだが、総合力で今世紀前半に米国を追い越すことはない、と言ったリー・クアンユー氏の言葉はおそらく正しいものであろう。

ナ 『静岡新聞』「論壇」2012年3月1日

2-3　米国の世紀は終わったか

■必要とされる指導力

米国の世紀は終わったのだろうか。多くの人々はそう考えているようだ。近年の調査によれば、調査を行った22カ国中15カ国で、ほとんどの回答者は、中国がいずれ世界の大国として米国を追い越すか、あるいはすでに追い越している、と述べている。

1941年、第1次世界大戦後の孤立主義を阻止するため、タイム誌のヘンリー・ルース氏は、「米国の世紀」と題する有名な社説を発表した。

第2次大戦後の英国は疲弊しており、共産主義と戦うギリシャとトルコを支えきれなかった。47年に米トルーマン大統領が英国に代わりこれらの国を援助した。48年、米国はマーシャル・プランに多額の投資を行い、49年にはNATOを創設し、50年には朝鮮戦争に向けて国連同盟を主導した。米軍は今日まで、ヨーロッパ、日本、韓国で歓迎され駐留している。45年から91年まで、米国とソ連との力関係は均衡していた。しかし91年にソ連が崩壊すると、米国が世界唯一の超大国となった。

「米国の世紀」に関しては客観的事実とフィクションが混在している。世界資源に占める一国の割合がその国の国力を示すが、米国のピークは、45年から70年までであった。第2次世界大戦の結果、45年には米国は世界経済のほぼ半分を有していた。だが70年にはその割合が戦前の25%に戻ったのである。

しかしこの超大国時代においても、米国はしばしば望むものを全て得たわけではない。それらは、ソ連の核兵器取得、中国の共産主義と半分のベトナムの共産主義化、朝鮮戦争のこう着状態、ハンガリーとチェコスロバキアに対するソ連の鎮圧、カストロのキューバ支配などである。

米国は、ルースの社説発表から100年後の2041年にも世界のパワーバランスにおいて主役であり続ける可能性が高い。金融の安定性、気候変動、流行病、テロ、サイバー攻撃などの国境を越えた問題に関して、米国のリーダーシップが最も必要とされる。だが、問題解決には他国との協力が必要となるであろう。この意味では、お互いが得をするウィン・ウィンのパワーゲームが必要である。

■他国との分担鍵握る

米国の世紀の存続のためには、他国を「支配する」米国の力とは何か、に関して考察するだけでは十分ではない。日本、中国、ヨーロッパ、インド、ブラジルやその他の国々と、「共同の目標を達成するため」の国力について考察しなければならない。国境を越えた多くの問題に関しては、他国と力を分担することによって、米国自身の目標を達成することができる。その時代には、ネットワークとその連結性が米国の重要な力の源泉となる。

これは米国時代の終わりを意味しない。世界的な公共財の生産において米国が中心的存在となり、パワーバランスとリーダーシップを発揮している、という意味で米国の世紀は今後も続くであろう。だが、それはヘンリー・ルースが宣言した74年前の米国の世紀とは大きく異なったものであろう。

[ナ]『静岡新聞』「論壇」2015年5月1日

2-4　オバマ大統領の和解の精神

■米外交の信用取り戻す

オバマ大統領は「米国の和解の精神」を世界に示した。日本に関して言えば、オバマ氏は、広島と真珠湾において、戦後初めて、この「和解の精神」を実行に移した大統領である。

アイゼンハワー大統領以来10人の大統領の政権のもと、50年の滞米生活を経験した筆者にとって、この広島と真珠湾は、米国人と日米関係を議論する場合に、決して言及してはいけない語であった。この二つの語が出て来ると、お互いに感情が先立って冷静な議論が難しくなるからである。

オバマ氏の広島訪問と両首脳の真珠湾への慰霊の訪問は、いわば両国に長い間刺さっていたトゲを抜いたようなものである。これはオバマ氏が日本に最も近いハワイ州で生まれ、黒人であることと無縁ではないはずだ。白人の大統領が続く限り、「広島の和解」はなかったであろう。

オバマ政権の「和解の外交」は、8年前、ブッシュ（息子）前政権のアフガニスタン・イラク戦争で失った米外交の信用を取り戻すものとして、米国民からの支持を得て始まった。結果的に見て前述の日米の和解の他に、イラン、キューバなどとの合意は、オバマ政権のレガシーとして歴史に記される。

この和解の精神は、自由と民主主義の価値観を共有するＥＵ諸国とも友好関係を深める上で大いに役立った。これらの理念を共有していないＧＤＰ第2位の中国に対しても、責任ある行動を求め、国際外交の場に中国を参加させた。

和解の外交は、時には弱腰の外交と見られる。それは、他国への不干渉の外交とも受けとられるからである。ロシアのプーチン大統領はまさにオバマ氏のこの政策を逆手に利用してウクライナ併合を強行した。また、ブッシュ前政権が北朝鮮と交渉することで妥協し、かえって多くを失った過去への反省のもとに、オバマ政権は北朝鮮とは交渉すら行わない外交を続けてきた。イラクからの米軍撤退を、他国からの不干渉と解釈した過激派は「イスラム国」をつくり、世界のテロ脅威となっている。シリアにおける内戦そしてロシアの介入は難民問題を引き起こし、間接的に世界の右傾化政治の萌芽につながった。

■達成感を示した名演説

筆者が50年前に米国の大学院で博士号を取得した折に、同期のシカゴ大の故ロバート・フォーゲル教授（ノーベル賞受賞）は夫人が黒人だったことで有形無形の差別を受けていた。当時は黒人大統領出現の予想すらできなかった。だが、オバマ大統領の誕生は、ブルーカラーの白人男性には行き過ぎで、極端に右寄りのトランプ氏出現の土壌を醸成していた。

トランプ氏が当選後初の記者会見での地金を出した大統領らしからぬ対応と比較すれば、前日のオバマ大統領の最後の演説は、歴史に残る品格ある名演説で達成感を示していた。「YES・WE・CAN YES・WE・DID（われわれは出来る。われわれは成し遂げた）」とオバマ氏は結んだ。

佐 『静岡新聞』「論壇」2017年1月17日

2-5　米政権とソフトパワーの低下

■偏狭な国家主義は逆効果

国際政治における世評は常に重要だが、現在、それ以上に信頼性の問題が重大な役割をもっている。宣伝目的の情報も、その国の信頼性についての世評を傷つけることになれば、逆効果となるだろう。たとえば、イラク戦争中、アブグレイブ刑務所でイラク人捕虜たちが虐待されていたことは、イスラム教徒が米国で良い暮らしをしている映像を放映しても逆効果で、米国の悪いイメージを変えることはできなかった。

今日、明らかに虚偽だと証明されているようなトランプ氏のツイートは、米国の信頼性を低下させ、ソフトパワーを弱体化させている。

トランプ氏の大統領就任以来、過去2年間に米国のソフトパワーに何が起きているか。ロンドンのポートランド社は毎年、「ソフトパワー30」の指数による国の順位を発表している。日本は第5位に上がったが、数年前に第1位だった米国は、２０１８年には第4位に下がった。トランプ政権発足後、種々の世論調査でも、米国のソフトパワーの低下が確認されている。

トランプ氏のツイートは、グローバルな問題提起には役立つが、魅力的でなければソフトパワーを強化しない。トランプ氏を擁護している人たちは、ソフトパワーは重要ではない、と応じる。

トランプ政権の予算局長、マルバニー氏（先月、首席補佐官代行に任命）は、国務省および米国国際開発庁への予算を30％削減して、「ハードパワー予算」をつくったと明言していた。しかし、マティス国防長官（後に辞任表明）は、国務省にソフトパワーの強化の予算を与えなければ、議会は国防省の予算を増やし、さらに多くの弾丸を買う結果になるだろう、と警告した。

偽善的で尊大であり、他者の見解に無関心で、国益という狭い概念に基づいた国内および対外政策は、ソフトパワーを弱める。節度ある愛国意識は健全だが、偏狭な国家主義は逆効果をもつ。トランプ氏が「アメリカ第一」と宣言した時、その他全てが二の次であることを意味していた。

■市民社会の魅力にも依存

米国のソフトパワーの弱体化はこれが初めてではない。たとえば、2003年のイラク侵攻後に、また1970年代のベトナム戦争当時には、米国の地位は低下した。

しかし、1980年代には回復を示した。こうした循環的変化を見て、ソフトパワーの懐疑論者たちは、各国は自らの利益のために協力するので、ソフトパワーはあまり重要ではないと主張する。だが、この議論は重大な点を見逃している。すなわち順位の上下はその国の魅力の変化に影響を受けるからである。

幸い、一国のソフトパワーは政府の政策のみならず市民社会の魅力にも依存している。ベトナム戦争に抗議した人々は戦争反対のデモ行進で米国の公民権運動の賛歌、「勝利をわれらに」を歌ったものだ。

結論として、過去の経験から、米国のソフトパワーはトランプ政権後に当然回復すると考えられる。

ナ 『静岡新聞』「論壇」2019年1月1日

2-6　トランプ氏VSオバマ氏と日本

■「二流米国人」の格上げ

日本には、オバマ前大統領の反動として出てきたトランプ大統領の手法を強引だと言いながらも、ひそかに歓迎している人たちがいる。この人たちは、恐らく米国での居住の体験を持たないグループだと思う。

確かに、オバマ前大統領は対中国外交などでトランプ大統領と比べると、中国容認の基本姿勢を持っていた。それには二つの理由が挙げられる。一つは、オバマ外交は米民主党の中道左派の政策立案者たちによって、バックアップされていた、という点がある。この立案者の中には、本欄の執筆者の一人であるハーバード大学のナイ教授が含まれている。

第二の理由は、オバマ氏自身の出生の背景と彼の信念および歴史的役割がその外交政策のバックボーンとなっていた点である。冒頭で述べた真のオバマ外交を理解するには、米国で居住体験が必要との立場を説明しよう。オバマ氏の大統領当選は、黒人は言うに及ばず、米国におけるマイノリティーグループ、とりわけ中国系、日系、韓国系などのアジア系米国人と中南米からのヒスパニック系の人々に強い勇気と誇りを与えるきっかけとなった。

白人優先の米社会においては、長い間、有色人種は「セカンド・レート・アメリカン（二流米国人）」であったが、オバマ大統領の出現で「ファースト・レートの市民」に格上げされた形となった。こうした高揚感は米国に居住した者にしか理解できないものであろう。オバマ氏は、東洋系の人々が多いハワイでケニア出身の黒人留学生と白人女性を両親として生まれた。中国系や日系の子弟も通う名門校プナホウ高校を卒業して、米本土のコロンビア大学を経て、ハーバード大学の法科大学院卒業後に弁護士の資格を取得した。その後イリノイ州からの米上院議員を経て第44代米大統領に当選した。

生まれた時から一緒に育った東洋人は、彼にとって「同種の米国人」であった。特に日系人として初めて米上院議員となったハワイ州選出のダン・イノウエ氏からは、強い影響を受けていた。ちなみに、筆者の経験からすると、ハワイにおいては、日系・中国系・韓国系の出身者の間には何の区別も差別もなかった。明らかにこうした出自がオバマ氏の政治家としての信念を形成したのである。

トランプ大統領との関係で見ると、長期的には、米国史上、少なくとも過去100年間で、オバマ氏は最左派であるのに対し、トランプ氏は最右派に属する。

■左・右と振り子のように

筆者が最初に渡米した1957（昭和32）年には、軍人出身で中道右派のアイゼンハワー氏が大統領であった。次の最初のカトリック教徒のケネディ氏の当選は「米国は左にかじを切った」と騒がれたものだ。その反動として大統領になった右派の「狡猾なニクソン氏」が弾劾さわぎで辞任すると、「牧師のような」カーター氏に代わり、レーガン氏（右）、ブッシュ氏（父、中道右）からクリントン氏（中道左）、ブッシュ（息子・中道右）、そしてオバマ氏、トランプ氏と続く。

このように米政治は左・右と振り子のように動きながら中道を保ってきた。日本との関連で述べると、オバマ氏が大統領でなければ、米大統領の広島訪問は実現しなかったであろう。日本の立場からすれば次の米大統領にはトランプ氏以外の人物が望ましいであろう。

佐『静岡新聞』「論壇」2019年12月17日

2-7 人権軽視のトランプ大統領

■終焉迎えた70年の伝統

米国は、1945年以後、いわゆる自由主義的国際秩序の新体制を創出した。44年のブレトンウッズ体制に始まり、45年には国連が創設された。米国は国際公共財の提供の必要性を認識したのである。パクス・アメリカーナ（米国支配による平和）がパクス・ブリタニカ（英国支配による平和）に取って代わったのもこの時期である。そして、47年のトルーマン・ドクトリン、48年のマーシャルプラン、49年の北大西洋条約機構（NATO）の創設、そして50年の朝鮮戦争における国連軍の活用と続いた。これらが冒頭に述べた70年間にわたる長き伝統の始まりである。

70年間の伝統が今や終焉を迎えつつある、と多くの人々は言う。2016年にトランプ氏が米大統領選に出馬した際、主要政党の大統領候補としては初めて、この米国の自由主義的国際秩序に異を唱えたのである。トランプ氏は、NATO、環太平洋連携協定（TPP）、世界貿易機関（WTO）、パリ協定（気候変動）、人権擁護の主導的役割などへの反対を公言したのである。

自由主義的秩序は、四つの主な要素から成り立っている。第一は安全保障（NATO、日米同盟などの同盟関係）、第二は経済関係（IMFおよびWTOに代表される）、第三は国際公共財（国連海洋法条約やパリ気候協定など）、そして第四は価値基準（民主主義と人権推進が中心）である。

トランプ氏は、選挙運動中の発言の多くを大統領就任後に撤回している。就任後3カ月目には、NATOは時代遅れではないと言ったし、日米安全保障同盟も再確認した。国際公共財に関しても、トランプ大統領はパリ協定からは脱退したが、図連海洋法条約からは脱退していない。

■独裁主義的首脳を受容

経済問題については、トランプ政策は一貫性に欠けている。彼はTPPから米国を撤退させ、WTOを無視して関税をかけたが、いまだに貿易のメリット信じていると言う。この経済政策にはまだ明白な結果が出ていない。しかしながら、トランプ氏が最大のダメージを与えている分野は、人権のごとき価値基準の領域である。彼は、フィリピンのドゥテルテ大統領、ロシアのプーチン大統領、北朝鮮の金正恩委員長、サウジアラビアのサルマン皇太子などの独裁主義的首脳を受容している。これは米国がこれまで尊重してきた価値基準とは大きな違いである。

トランプ氏が政権を去った後、人権問題はどうなるのだろうか。共和党政権であれ、民主党政権であれ、米国の外交政策における人権問題への関心が再び高まる可能性がある。米国の自由主義的価値の伝統は強固である。したがって、軍事介入によるのではなく、制裁とソフトパワーを用いて人権問題を重視する外交が再び提唱されるのではないだろうか。

中国の反自由主義的ソフトパワーに対抗するため、米国は、他の人権重視の国々と共に自由主義的民主主義国のG10をつくる可能性がある。1945年以降、多くの国々が人権を国際的議題とすることを支援してきたが、人権問題の推進役を務めたのは米国である。

ナ 『静岡新聞』「論壇」2019年4月1日

2-8 トランプ氏の政治手腕と再選

■異なる思想　持ち主排除

今、米国民の多くは、トランプ氏が2020年に再選されるか否かに関心を持っている。ここで、彼の政治手腕を軽視する過ちを犯してはならない。

2016年、トランプ氏はリアリティーテレビでの成功体験から、時には、真実よりも常軌を逸した発言や、伝統的な行動規範を破ることでカメラの中心に居ることができた。

トランプ氏はまた、ツイッターを2009年（開始からわずか3年後）に使い始めて、討論すべき議題を牛耳る力を持つことになった。彼は、ツイッターを「自分自身の新聞」になぞらえて、ホワイトハウスのスタッフがツイートを減らそうとした時、「これは、直接人々に語りかける私のメガホンだ」と言って拒否した。

2016年の共和党予備選挙において、壇上で16人の候補者たちと討論した際も、トランプ氏はこうした才覚を利用した。さらに、世界貿易の不公平な経済効果への大衆の不満と、大学を出ていない白人高齢男性が持つ移民や移民文化に対する憤まんをトランプ氏は直感的に捉え、それを利用した。

彼の一般大衆的、保護主義的、そして国家主義的発言は、マスコミによって無料で報道される結果となった。ライバルたちの有料広告をはるかに上回る効果を上げた。トランプ氏は、民主党のクリントン大統領候補にも選挙人の数で予想外の勝利を収め、一般投票では負けたが最終的に勝利した史上5番目の大統領となった。

2009年にブッシュ氏（息子）は一般投票では負けた大統領だが、就任後は中道的政策に戻った。トランプ氏も同様の行動を取るだろうと予測されていた。しかし、これに反して、トランプ氏は彼に忠実な支持層にアピールする政策を続け、その支持層を使って、予備選で共和党の中でも彼と異なる政治思想を持つ人々の排除を始めた。

共和党の連邦議員たちはトランプ氏への批判表明を恐れた。トランプ氏に公然と反対した多くの候補者たちは予備選挙で敗北した。また、共和党の外交政策のベテランで、選挙中「トランプ反対」の書面に署名した人々は、新政権から排除された。

■討論すべき議題を独占

大統領選に勝ったトランプ氏は、検閲のないツイッターを止めて「大統領らしく」なるだろうと期待されていたが、これに反して、トランプ氏は、政治そのものが選挙運動だとする異例の大統領となった。

トランプ政権はツイッターで政策を発表し、閣僚や政府高官が頻繁に入れ替わる混乱した政権となった。最初の国務長官、国防長官、その他の政府高官らの立場を損なうような矛盾した政策を大統領自身が発表した。このためトランプ政権は裁判所、報道機関、同盟諸国と問題を起こし、政権の組織的な一貫性を失う結果となった。一方で討論すべき議題に関してはトランプ氏自身が事実上完全に独占する状況をつくっている。2020年も彼を排除することはできない。

ナ　『静岡新聞』「論壇」2019年5月1日

2-9　米のソフトパワーは回復するか

■虚偽「つぶやき」が悪影響

トランプ政権の発足以来、米国のソフトパワーが低下している。「米国第一」は一部の米国人にはアピールしても、それが狭義に用いられた場合、外国人には米国の地位の低下、と聞こえる。トランプ氏のツイートは、グローバルな問題提起には役立ってきたが、それが他国にとって魅力的でなければ、米国のソフトパワーの上昇にはつながらない。

政権内には、ソフトパワーは意味がなく、軍事力や経済力というハードパワーのみが重要だ、と信じている人々がいる。首席補佐官代行のマルバニー氏は、予算局長の時代に、米国の国務省や国際開発庁の予算をほぼ30％削減するハードパワー予算をつくった、と誇らしげに語っていた。幸い、米連邦議会は予算の一部を復活させたが、今も対立が続いている。

キッシンジャー氏がかつて指摘したように、国際秩序はハードパワーのバランスのみならず、国家の正当性が認知されているか否かにかかっている。そしてその正当性はソフトパワーに大きく依存し、情報時代の今日では、ソフトパワーはかつてないほど重要だ。世界政治における世評も重要だが、パワー資源のさらに主要な要因は信頼性である。

明らかな宣伝情報が世評やソフトパワーに害を与えれば、嘲笑の的となり、逆効果となる。トランプ氏は、事実関係の記述や発表に不正確なことで悪名高い。ワシントン・ポスト紙の調査によれば、トランプ氏は政権発足後の2年間に、1日平均ほぼ七つの虚偽的、または誤解を与える主張を行ってきた。この虚偽的主張が自身への信頼性に壊滅的影響を与えている。虚偽であると証明された大統領の「つぶやき」は、米国への信頼性とソフトパワーを低下させる。

幸い、一国のソフトパワーは政府の政策のみならず、市民社会の魅力にも依存している。ベトナム戦争に反対する海外の抗議者たちがデモ行進を行った際、彼らは共産主義の「インターナショナル」ではなく、しばしばキング牧師の米国市民権運動に関連した聖歌、「勝利をわれらに」を歌ったものだ。

■先見ある政策と公共外交

トランプ氏の政策が魅力的でなくても、多くの外国人は米国の映画、科学、大学、財団などに魅力を感じている。また、民主主義国の多くの人々は、米大統領の権力に異を唱える米裁判所や自由な報道機関の独立精神と反発力に惹きつけられている。

筆者の出版予定の著書『倫理的品行は重要か？――F・ルーズベルトからトランプ大統領の外交政策』

が示すように、虚偽の発言や米国の狭義の国益を追求したのは、現大統領が初めてではない。ジョンソン、ニクソン、ブッシュ（息子）元大統領たちは、米国のソフトパワーに悪い影響を与えたが、米国はよみがえった。

過去の経験からすれば、トランプ政権後に米国のソフトパワーは回復すると期待される。だが、回復の一助となるのは、より先見の明がある政策と、より良い公共外交である。
ナ　『静岡新聞』「論壇」2019年9月1日

2-10　苦境に立つトランプ大統領

■最悪の新型コロナ対応

トランプ氏はいま、苦境に立たされている。今年（2020年）の初め頃には、11月に再選されると予想した人が多かったが、現在では、バイデン民主党大統領候補に敗北するだろう、との見方が有力である。これまで、経済の好調時には、現職大統領が再選され、米経済は力強く発展してきた。

だが、現在、新型コロナウイルスの世界的大流行が、医療危機と経済危機を引き起こしている。トランプ氏の対応は最悪と言わざるを得ない。彼は、コロナ禍の否定、対応の先送り、責任転嫁、そして矛盾的提言などによって、対応を大きく誤った。科学的アドバイスを拒否し、経済活動やイベントの早期再開を強く推し進めた。その結果、感染の第2波が始まり、7月の最初の2週間に、感染者が51％増加した。コロナ危機の発生から4カ月後に、トランプ氏はようやく、公の場でのマスク着用に同意した。

心理学には、心の知能指数と言われる感情知能の概念があるが、トランプ氏の行動は、この指数の低さの故に、これまでの政治学の原則にあてはまらない。たとえば、今年初めに上院が弾劾裁判でトランプ氏に無罪評決を下した後に、彼の側近は国家の結束を強調するよう勧めたが、トランプ氏の反応は、対抗勢力への痛烈かつ悪意のある攻撃であった。同様に、新型コロナウイルス流行の初期の段階でその報告を受けた時、トランプ氏は「民主党によるでっち上げ」だ、と無視したが、いまそのつけが回ってきている。

心理学者たちは、感情知能指数を、相手を率いて先導しようとする場合、自らの感情を理解し、それを抑制しようとする能力の指数と定義している。リーダーとして、トランプ氏は明らかに頭が切れるが、彼の思考、行動に表れる気質は、感情知能指数が低いことを示している。一方で、ルーズベルトやレーガン元大統領の成功は、高いこの指数によると考えられている。「敵のリスト」を持っていたニクソンは失敗したが、トランプ氏の指数はレーガンよりもニクソンに近い。

■支持基盤向け　政策偏向

例えば、1945年以降の14人の大統領に関する私の研究では、トランプ氏は、気質・性格が外交政策に与えるマイナス効果の点で、下位25％に位置する。トランプ氏の姪、メアリー・トランプ氏は最近出版された叔父についての本の中で彼を、深い不安感を抱いて人の注目を求める子供のような感情を持つ人物、と書いている。

トランプ氏はブッシュ元大統領（息子）と同じように、就任後中道政策に変更するだろうと予想されていた。だが、反対に、彼は政治を二極化し、彼に忠実な政治基盤向けの政策を続けている。そして、トランプ氏は、大統領の仕事を選挙運動の仕事と同じだと思っているようだ。これまでに見られない型破りの大統領となってしまった。前国家安全保障担当補佐官のボルトン氏は、トランプ氏には一貫性がなく気まぐれで、政策に精通していない、と書いている。

トランプ氏は窮地に立たされているが、大統領選は3カ月以上先の話であり、この間に予期せぬことが起こり得ることも忘れてはならない。

ナ　『静岡新聞』「論壇」2020年8月1日

2-11　バイデン氏のコロナ戦略

■ソフトパワーの修復へ

今世紀最悪のパンデミック（世界的大流行）にもかかわらず、今年（2020年）の米選挙では、記録的な投票率が示された。多数の郵便投票のために、最終集計には通常より長い時間を要したが、大統領に当選するために必要な選挙人の数と一般得票数の双方で、バイデン氏が勝利した。

トランプ氏は現実を受け入れようとしていないが、結果は明白であり、日本にとってもこれは良いこととなるだろう。さらに、バイデン次期大統領には、トランプ政権下で被害を受けた米国のソフトパワーを修復する機会が与えられている。

国際的な世論調査によれば、トランプ氏が政権に就いて以来、米国のソフトパワーの評価は、多くの国で低下している。ソフトパワーは、強制や報酬によるハードパワーよりも重要なものではないが、ハードパワーとの巧みな組み合わせによって、その重要性が増すのである。例えば日本は、文化と経済援助などの政策を通じて、ソフトパワーを発展させてきた。

批評家たちは、トランプ大統領のハードパワーの手法や「米国第一主義」の主張に対して非難しているのではない。それは、投票で選ばれた政治家は、国民の利益の受託者だからである。拙著『モラルは重要か』で筆者は、トランプ氏が米国の国益を狭義の取引的な方法で定義し、ソフトパワーを軽視したことが問題だ、と指摘したのである。

トランプ政権は、国際機関や対外援助などのソフトパワー関連予算を削減した。たとえば、パリ気候変動協定やWHO（世界保健機関）から脱退した。トランプ氏は、人権と道徳的問題を軽視し、狭義に定義した国益こそ外交政策で最も重要だ、と主張した典型的なリーダーであった。前掲の拙著における14人の大統領に関するケース・スタディーの結果が示すように、狭義の国益外交は歴史的に誤った結果を生んでいるのである。

■基金創設し世界貢献を

バイデン次期大統領はすでに、パリ協定に再加入し、WHOからの脱退を中止し、米国が受け入れる難民の数を引き上げる、と発表した。また、最も成功した大統領たちからの教訓として、米国が、マーシャルプランの医療版、すなわち大規模なコロナ援助政策を打ち出すことを勧めたい。最低限、バイデン新政権が、ＷＨＯが着手した「ＣＯＶＡＸファシリティ（ワクチン共同購入の枠組）」に参加することを勧めたい。

繰り返すコロナ禍の波が、貧しい国々や発展途上国に影響を与え、季節的再流行の中でコロナ感染が再び北半球に広がった場合、全ての人が困窮することを、バイデン氏は認識している。米国は、自国の利益および人道的立場から、G20国を主導して、日本とヨーロッパと総力し、全ての国に開かれた、新しいコロナウイルス基金を設立し、惜しみない貢献をすべきである。

バイデン次期大統領がこのような協力的かつソフトパワー強化の政策を打ち出せば、このパンデミックから何か良いものが生まれるかもしれない。すなわち、それはより良き世界への地政学的進路である。

ナ　『静岡新聞』「論壇」２０２０年12月1日

2-12　米民主主義の復活

■2度目の弾劾訴追は当然

トランプ政権の4年間は、米国の民主主義にとって決して良い時期ではなかった。２０２０年の大統領選下の敗北を受け入れなかったことは、一連の問題の一つに過ぎない。トランプ氏は、大衆迎合主義者たちにアピールしたが、政治的中道派の人々に支持されることはなかった。それができていたら、再選されていたかもしれない。

トランプ氏の問題は、昨年の新型コロナのパンデミックへの対応の無能さによって悪化した。そして、新年早々に、暴徒が連邦議会議事堂に乱入する、という衝撃的な事件となった。共和党のサス上院議員が述べたように、「自由世界のリーダーたる米大統領がツイートで副大統領に米憲法に宣誓した義務を遂行しないように指示したのである。そして、世界で最も優れた自治の象徴たる連邦議会議事堂が暴徒によって略奪された」。米下院がトランプ氏の2度目の弾劾訴追を可決したのは当然のことだ。

これらは、米国の民主主義の衰退を意味するのだろうか。米国は常に重大な問題を抱えているが、われわれには復元力と改革の能力がある。1960年代、米国の都市は人種問題への抗議活動で炎上し、ベトナム戦争に対する抗議運動で苦境に立っていた。そして、大学や政府の建物が爆弾で破壊され、州兵がケント州立大学で学生を殺害した。キング牧師とロバート・ケネディ氏が暗殺され、ジョージ・ウォレスのごとき煽動政治家が人々をあおっていた。

しかし、その後の10年間に、一連の改革法案が連邦議会を通過し、フォード氏の公正な政策、カーター氏の人権政策、そしてレーガン氏の楽観主義などが米国に再び自信と安定をもたらした。

■対立緩和の中道政治が鍵

米国では過去20年間に政治の二極化が進んだ。トランプ氏は共和党を支配するための政治的武器として、移民排斥主義のポピュリズムを使った。これに反対する上院や下院の議員候補者たちは、共和党の予備選挙でトランプ支持の候補に敗北する無念さを経験した。しかし、パンデミック下で実施された今回の連邦制度の選挙で公正な仕事をしたのは、共和党、民主党、無党派の地方公務員たちであった。米国の民主的な政治文化は、投票結果を変えようとしたトランプ氏の脅しに立ち向かった地元の州務長官や州議会議員などの多くの英雄を生んだのである。

米国の民主主義の将来を嘆く人々は、2020年の選挙で前代未聞の多数の有権者が投票し、トランプ氏のごとき煽動政治家の落選を可能にしたことを忘れてはならない。さらに選挙結果は、トランプ氏が任命した裁判官を含む、独立した司法機関における60以上の裁判において、正当と認められた。今のところ、バイデン氏の発言は人心を落ち着かせる効果を持っている。確固たる予測には時期尚早だが、バイデン大統領がパンデミックを制御し、経済を復活させ、対立を緩和する中道政治を示すことができれば、現在は米政治の危機の始まりではなく、終わりとなるだろう。

ナ　『静岡新聞』「論壇」2021年2月1日

2-13　バイデン政権のサイバー問題への挑戦

バイデン政権は、外国からの一連のサイバー攻撃に対し真剣に対処しようとしている。サイバーセキュリティ企業、ソーラー・ウインズ社へのロシアからの攻撃で、少なくとも九つの主要な政府機関と100以上の主要企業が、マルウェアと呼ばれる破壊工作ソフトの感染被害に遭った。

中国は長い間知的財産の盗用に関与しており、現在、政府内外の何百万人もの米市民の個人データを盗んだと告発されている。問題は大国間の競争だけではない。北朝鮮やイランからの過去の攻撃が示すように、サイバー攻撃は頻繁に起きており、その対策費用はかさむばかりである。

現在のサイバーセキュリティ問題の根底には、世界政治の長期的変容がある。インターネットは半世紀以上存在しているが、コンピューター通信が世界経済に不可欠であり、また現代の軍事上の必須要素となったのは、20年ほど前からのことである。

1970年代と80年代にインターネットを開発した研究者やプログラマーたちの小さなコミュニティーでは、セキュリティーは主要な関心事ではなかった。1996年には、世界人口のうち3千6百万人（約1％）しかインターネットを使用していなかった。ワールド・ワイド・ウェブの普及とソーシャルメディアの発展によって、今では40億人以上、つまり世界人口の半数以上がインターネットを利用している。

21世紀にユーザー数が急増するにつれ、インターネットは経済、社会、政治に影響を与える相互作用の基盤となった。だが、相互依存が増すにつれ、経済的機会は増えるが、脆弱性と不安定性も生じて来る。ビッグデータ、人工知能（AI）、高度なロボット工学、そして「モノのインターネット（IoT）」により、サイバー接続数は2030年までに1兆に達すると予想されている。

これによってサイバー攻撃の潜在的対象は劇的に拡大しており、産業制御システムから心臓ペースメーカー、自動運転にまで及んでいる。ロシアのフェイスブックを利用した2016年の米大統領選への介入や、前述のソーラー・ウインズ社のサプライチェーンへの攻撃は、この種の問題の始まりに過ぎない。

国際政治の観点から言えば、コンピューター通信は、陸・海・空・宇宙という従来の4領域に加えて、第5の領域となった。米国政府は、2010年にサイバー・コマンドを創設した。サイバー領域には、物理的距離の崩壊（もはや領海が国を守らない）、速度の問題（宇宙のロケットよりもはるかに速い）、低コスト（参入障壁が下がる）、攻撃者の認定の困難さ（否認によって対応を遅らせる）などの特性がある。

一部の人々は、これらの特性を持つサイバー空間では抑止力は働かない、と論じているが、この結論は間違っている。たしかに、サイバー空間での効果的な抑止力は、これまでとは異なったものでなければならない。バイデン政権が如何なる効果的な対応策を打ち出すか、ワシントンと東京ではそれを期待して見守っている。

ナ　『静岡新聞』「論壇」2021年3月1日

第3章 変わるアメリカの文化・社会

3-1 移民こそ米国力の源泉

■人口維持で重要な資源に

移民問題は2016年の米大統領選挙の重要な争点となってきた。共和党トランプ候補は、メキシコとの国境沿いに壁を建設することを約束し、さらにイスラム教徒の移民制限を繰り返し訴えている。これに対し、民主党クリントン候補は、宗教的信条による移民制限は米国の価値観と相いれないし、イスラム穏健派からの支援を得てテロリストの攻撃に打ち勝つためには逆効果だ、と述べている。

皮肉なことに、移民こそ、米国の世界的地位を保つ誇るべき点の一つである。米国は一つには、移民受け入れの結果として人口減少から免れ、世界人口に対して一定の割合を維持する、と予測される数少ない先進国の一つである。人口のみが国力を決めるわけではないが、特に人的資源として教育を受け、文化に同化した場合には、移民は国力の重要な要素となる。

移民がもたらす同化および米国のアイデンティティーへの影響を危惧する一般人の反応は、米国史上決して目新しいものではない。19世紀の「ノウ・ナッシング」党（正式にはアメリカ党）は、移民、特にアイルランド移民への反対で立ち上げられた。

だが、その1世紀後には米国はアイルランド系カトリック教徒移民の子孫、ジョン・F・ケネディ氏を大統領に選出した。米国は、新参者にも幸運を、との信条を掲げる移民国家として存続している。20世紀では、1910年は外国出生の米国人の割合が最も高く14・7％であった。現在、約4千万人、米国市民人口の約13％が外国生まれである。

移民国家であるにもかかわらず、2015年のピュー社の世論調査は、現在米国在住の移民について米国人が複雑な見解を抱いていることを示した。全体的に見て、移民が米国社会を長期的により良いものにしている、とする米国人の割合は45％で、より悪くしている37％よりも多かった。

50年後も、米国は世界人口上位の3位か4位で、他の先進諸国と比べてより若い年齢構造を持つ国であり続けるだろう。これは経済力に直接関連するのみならず、ほとんどの先進諸国で高齢化が進み、高齢世代への負担を考えれば、移民は米国にとって厳しい政策問題を和らげる助けとなる。

■出身国に向け肯定的情報

移民は米国のソフトパワーや他人を引きつける力にも貢献している。人々が米国に来たいという事実は米国の魅力を増し、移民でも所得の上層階級に昇れる米社会は、他国の人々にとって魅力的である。米国は磁石であり、多くの外国人は自らを成功した米国人として思い描く。そして米国人の多くはそのルーツを忘れず、それぞれの出身国の市民の「ように振る舞う」。さらに移民と出身国の家族や友人とのつながりが、米国に関する正確で肯定的な情報を伝えるのにも役立っている。

移民はハードやソフトパワーを弱めるのではなく、むしろこれらを強化する。この真実は、2016

年の大統領選挙後にも生き続けるだろう。

ナ 『静岡新聞』「論壇」2016年10月1日

3-2 先着優先、後発差別の米社会

■「一滴ルール」暗黙規定

トランプ大統領が、民主党の4人の新人の非白人女性議員たちを念頭に「国に帰ってはどうか」などのツイートをした。4人のうち、米市民権をとったソマリア生まれの議員以外は米国生まれの純粋の米国人である。その後、トランプ氏は演説会場で支持者を前に「もともといた国に帰ったらどうか」などと連発して、聴衆をあおり、熱狂した人々は、「センド・ハー・バック（彼女を送り返せ）」と大合唱した。

トランプ氏のこうした人種差別的発言に慣れっこになっている米社会ではあるが、この発言に対して、米下院は非難決議を採択した。多民族、多人種からなる米社会は、「人種のるつぼ」として米国発展のプラスの面が強調されがちである。だが、国勢調査での「人種」の項目には、黒人の血が一滴でも入る（一滴ルール）と、黒人と書かざるを得ない暗黙の規定がある。外見が白人に近くても、黒人として差別的に扱いたい、との為政者心理を反映したものである。

米国史上で最初の黒人大統領となったオバマ氏は、母方は白人米国市民で、父方はケニア生まれの黒

人である。オバマ大統領は2010年の国勢調査で、人種項目に黒人と書いたとされている。仮にこの時、白人を選択したならば、虚偽報告として問題になったかもしれない、とのうわさがある。

米国社会の発展は、「先着優先、後発差別」の暗黙のルールによって支配されてきた。メイフラワー号で到達し、マサチューセッツに植民地を築いた清教徒の英国人たち「ワスプ」（ホワイト・アングロサクソン・プロテスタントの頭文字WASP）が支配階級であった。その後、米国にはヨーロッパから多くの移民が入って来たが、同じ白人でもアイルランド系のカトリック教徒の移民は差別を受けて良い職業につけなかった。カトリックに対する差別がほとんどなくなったのはケネディ大統領が出現した20世紀以降である。

ここで19世紀半ばから最近までの移民の流れを見ると、1850年には、アイルランド系、1900年になるとドイツ系の移民が最も多く、1930～70年にはイタリア系移民の数が増した。80年代以降はメキシコ人やヒスパニック系が最大のグループとなった。ここで特記すべきは、90年代以降、中国、フィリピン、ベトナム、韓国、すなわちアジアからの移民数が欧州勢を上回って米国に流入した点である。

■脅威感じる白人を代弁

「後発移民」は、「先着移民」から差別を受けて劣悪な環境の中で3K的仕事に甘んじていたが、後発移民でも2代目、3代目になると、着実に支配階級へと昇っていった。ちなみにトランプ大統領はドイツ系移民の3代目で、前述の少女時代に米国に移住したソマリア系の下院議員に、明らかな差別発言をした。

先着移民の多くは白人である。トランプ氏は、その白人社会が非白人、特にヒスパニックや東洋系の急速な後発移民の人口増加に脅威を感じている人たちを代弁している。２０１５年の推計では、米国の総人口に占める白人の割合は62％だったが、50年前後にはこれが50％を切り、ヒスパニック24％、アジア系14％、黒人13％となると見られている。トランプ氏は白人優先の最後の大統領かも知れない。

佐

『静岡新聞』「論壇」２０１９年7月23日

3-3 異常気象と「科学と政治の対立」

■温暖化否定する米大統領

大型の台風10号が、新潟に40度以上の異常高温をもたらした。お盆が過ぎても、日本列島は猛暑にあえいでいる。だがこの現象は日本だけのものではない。

米海洋大気局は先週15日に、世界の7月の気温が過去最高を記録したと発表した。日本の7月は梅雨空で、温度はあまり上昇しなかったが、パリでは観測史上最高の42・6度を記録した。アジアでは、香港の最低気温の平均が27・7度、とこれも観測史上最高となった。

こうした異常気象は、北極と南極の氷にも影響を与えている。北極圏の海面にある氷の面積は、7月に１９８１〜２０１０年の平均を約20％下回り、観測史上で最小となった。南極でも平均を４％下回り、

41年ぶりに記録を更新した。

米国の政府機関が、世界の異常気象を発表しても、トランプ大統領の「地球温暖化は信じない」とする態度には変化が見られない。それどころか、昨年（2018年）トランプ氏は、気候変動の危険性を警告する「科学者たちには政治的意図」がある、と批判している。だが、政治的意図があるのは科学者たちではなく、トランプ氏自身ではないのか。

2017年にトランプ大統領は、オバマ大統領が締結したパリ協定から離脱する、と宣言した。そこには二つの政治的意図がある、とみられている。一つには、オバマ政権の業績にケチをつける意図であり、イランとの核合意の破棄も同じ政治的目論見から来ている。もう一つの意図は、トランプ氏の選挙公約としての石油・石炭産業の復活である。

経済学は、社会科学の中でも、最も自然科学に近く、「政治的意図を持たない科学分析の学問」とされている。その証拠として、ノーベル経済学賞が設けられているのである。昨年のノーベル経済学賞は、過去40年間に地球温暖化の問題分析に従事してきたエール大学ノードハウス教授に贈られた。

■増える人類と地球の損害

私的な話となるが、約40年前、ノードハウス教授と筆者は共に英国ケンブリッジ大学の客員教授を務めていた。昼食時の会話で、教授は「このまま温暖化が進むと、100年後には東京の下町が水浸しになる」、と恐ろしい警告を発していた。だが教授は「もっとも、温暖化によって、アラスカの大部分で、麦やトウモロコシが採れるようになる」と良いニュースにも触れていた。

ノードハウスの政治的意図のない科学分析「気象と経済の動学的統合モデル」の解説をするのが本稿の目的ではない。だが、自然科学のモデルと同様に、13本の方程式とスーパーコンピューターを使って得た分析結果は、疑いもなく地球は温暖化していることを示している。化石燃料の燃焼量などを数値化し、炭素税の導入、温暖化ガスの排出量削減費用の算出法をも教授は考案した。

異常気象が発生するたびに、「科学と政治の対立」で、米国のみならず世界全体、あるいは人類と地球自身への損害が増えている。これはトランプ政権が続く限り、諦めざるを得ないのか。

佐

『静岡新聞』「論壇」2019年8月20日

3-4　米大統領選にまつわる呪い

■末尾0年選出は不慮の死

来年2020年の11月3日は、米国の大統領選挙の投票日である。1年以上前のこの時期で立候補予定者はほぼ固まり、年明け早々から共和、民主両党の予備選挙に入っていく。

来年の選挙は、20年おきに末尾に0がつく年（×××0年）に選出された大統領が在任中に不慮の死をとげる「テカムセの呪い」の周期に当たる選挙でもある（1811年に軍人W・ハリソンに殺された米インディアンの酋長テカムセによる呪いとされている）。米統領選は必ず4の倍数の年に実施される。1840年から1960年までの120年間、西暦で20の倍数の年（×××0年）に選出された大統領は在任中に死去した。

酋長テカムセを殺した、とされるW・ハリソンは、1840年に第9代の大統領に選ばれたが、翌年、4月4日に肺炎で死去した。

その20年後の1860年に大統領になったリンカーンは、5年後に暗殺された。1880年に選出されたガーフィールド大統領も翌年7月に暗殺され、その20年後の1900年に選ばれたマッキンリーも翌年9月に暗殺された。1920年のハーディング大統領とその20年後のルーズベルト大統領も任期中に死去した。

世界中から希望の星と慕われた若き大統領ジョン・F・ケネディ氏は、1960年に大統領に選ばれたが、3年後の11月22日に暗殺されたことは周知の事実である。

しかしながら、その20年後の1980年に大統領となったレーガン氏は、翌年に暗殺は未遂となったにもかかわらず、任期満了まで職を勤めた。またその20年後つまり2000年に選出されたブッシュ氏(息子)も、大統領の任期を全うし現在も存命である。ちなみに、20の倍数の年以外に選出され、在職中に死去した唯一の大統領は1848年に選ばれたテイラー氏で、2年後に病没した。

こうした状況から、米有識者の多くは、テカムセの呪いなどもはや存在しない、とする一方で、大統領職の生命にかかわるリスクは依然として大きいとされている。不慮の死をとげたハリソン大統領からケネディ大統領の時代は、大統領を守る警備がいまほど完全ではなかったことも、暗殺事件が発生していた一因といえる。

■有力候補者は高齢ぞろい

さて、来年の候補者を見ると、共和党の現職トランプ大統領は、来年74歳になる。当選して4年間在職すれば78歳で確かに高齢の大統領となる。だが、民主党の最有力候補バイデン元副大統領は来年77歳となる。当選したとしても一期務めれば81歳で高齢大統領になることは目に見えている。バイデン氏に次ぐ民主党候補サンダース上院議員は、バイデン氏よりもさらに年上で来年79歳になる。昔よりも不慮の死の確率は低くても、大統領という激職に耐える体力があるか否かも、有権者は考慮するに違いない。

ともあれ、向こう1年余りの選挙期間は、トランプ現職大統領は言うに及ばず、民主党の大統領候補者たちにとっても「命を賭けた年」となるのである。

佐

『静岡新聞』「論壇」2019年9月24日

3-5　米国の国民皆保険制度とは

■保険未加入者には罰金を

今月初め、湯沢市で開催された県南医学会の研修講座に特別講演者として参加する機会があった。医師会員の方々が変化の激しい現代社会において、医療や他業種の進歩についていくのみならず、これをリードする心構えで研さんを積んでいることを知り、感銘を受けた。

経済学者としての筆者の講演のテーマは、健康の経済学（日本では医療経済学）ではなく、学者生活一般についてであった。だが参加者から米国の健康保険制度について多くの質問を受けた。事実、米国には無保険者が多い。こうした人たちが病気にいかに対処しているのか、等々であった。

オバマ米大統領はこれを是正すべく、2010年に政権公約の実現のため「国民皆保険」制度を創設した。ところが共和党の保守派から「この法律は違憲だ」と訴えられていた。米連邦最高裁で先月末、これが合憲と判断され、先進国の中で唯一、皆保険制度が無かった米国の名誉挽回となった。これで米国民の約6分の1に当たる約5千万人が医療保険に加わることになる。

研修講座では質問者の一人（多分専門家）から、最高裁の判決について詳細な説明を求められた。そもそも最高裁で問題となったのは、個人に民間の保険への加入を義務付け、違反者に罰金を科す、とした条項である。「自由」を重んじる保守派などは、保険もブロッコリーと同じで、個人がブロッコリーを買わないからといって罰せられるのは自由の拘束だと主張していた。これに対し最高裁の判決は、保険とブロッコリーは同等ではなく、保険未加入者への罰金を「課税」とみなし、この法律を決めた議会の課税権限の範囲と認めて合憲としたのである。

この判決が米で大きな反響を呼んでいるのは、医療制度の大改革であるのみならず、ロバーツ最高裁長官自身が賛成したからである。共和党のブッシュ前大統領が任命したロバーツ長官は保守色が強く、賛成票を投じて5対4の多数派に回るとは想定されていなかった。これで歴史に残る判決となった。

これが11月の大統領選でオバマ氏への追い風になる、とみる向きがあるが、必ずしもそうではない。ロムニー氏が「大統領に就任すれば、初日にこの法律を撤廃する」と宣言すると、その日のうちに多額の献金が集まった。オバマ氏側は、ロムニー氏がマサチューセッツ州知事時代に導入した州レベルの医療制度改革は、まさに「皆保険」そのものでロムニー氏は本来この法律に賛成なはず、と反論している。

オバマ氏のこの皆保険制度は必ずしも有権者に好評ではない。各紙の世論調査では、不支持が支持を上回っている。冒頭の研修講座で受けた質問に答えるものとして、これまでは無保険者であっても、低所得者が急患として入院すれば、市が医療費を負担する制度であった。だから低所得者は必ずしも皆保険を望んでいるわけではない。中小企業なども従業員への保険料の支払いで経営が苦しくなると不満を表している。

■文化の差から生じる制度の差

米国に皆保険制度が実現したとしても日本とは根本的な差異がある。日本の場合、保険証さえ持っていればどこの医療機関でも診てもらえる。時には数百円で毎日の医者通いが可能となり、医療費の無駄遣いを助長している面もある。

米国では原則的に主治医の権限が強い。主治医の勧めで専門医にかかるが、診察料は患者がまず全額を支払う。これを保険会社に請求すると審査の後に費用の払い戻しが行われる。だがこの手続きは煩雑で、その結果、誰も腰痛程度では医者に行かない。これが医療機関の利用を抑制していることは確かだ。

だからといってマイケル・ムーア監督のドキュメンタリー映画のような非人間的な患者の取り扱いは現実ではない。これが事実なら人権団体が黙っているはずはない。何しろホームレスが極寒の中でも路上に寝る権利を主張し、収容されるのを断固拒否する国なのだ。

ともあれ医療制度はその国の文化の一側面である。日米の制度の違いは文化の違いであり、良否の問題ではない。

佐 『秋田魁新報』「時評」2012年7月8日

3-6 オバマ氏再選と日米関係

■第2期オバマ政権の行方

オバマ大統領が次の4年を担う米国のリーダーに再選された。今回の選挙の争点は一にも二にも雇用であった。失業率8％を超える経済状態で再選されることはない、との米大統領選のジンクスが今回も辛うじて当てはまった。というのは、先週発表された最新の数字は7・9％でまさにギリギリだったのである。

4年前にオバマ氏が大統領に就任した折、ブッシュ共和党前政権の失政で、米失業率は既に7・8％を記録していた。その後オバマ政権下でも10％にまで上昇し、先月ようやく7・8％、つまりオバマ氏就任当時の数字まで引き下げることに成功したのだ。ロムニー氏は現在の高い失業率をオバマ氏の失政として責めたが、最新の世論調査では有権者の56％がブッシュ政権にその責任あり、と回答している。

失業率との関係では中国が選挙戦のターゲットとなった。特に自動車産業と深いつながりを持つミシガン州とオハイオ州の票の行方が注目されていた。ミシガン州は自動車王国デトロイトを抱え、オハイオは自動車の下請け関連企業が経済を支えている州だからである。

オバマ氏は中国に自動車産業を奪われないように、との名目で、公的資金を投入してこれを救済した。一方ロムニー氏は、自動車産業も私企業であり破産しても仕方がない、と公的資金の投入に反対した。これが最後にミシガンとオハイオを失った直接的原因である。

向こう4年間の米外交および経済の行方はどうなるか。それを予想するには、先月3回にわたって行われたオバマ氏とロムニー氏による選挙戦討論会での発言が参考になる。日本にとっての最重要点は、3回の討論会中に両候補による日本への言及が一切なかった、という事実だ。逆に中国は頻繁に両候補の発言に登場した。

このことは、同じく一切言及されなかった米の主要同盟国である英・仏・独などと同等の地位を日本が得ている、と解釈すべきなのだ。つまり日米関係は安泰である、と両候補共に考えていた、ということだ。日本無視のジャパン・パッシングではない。

■対中、対日政策は?

一方中国は、米国にとって外交上最も脅威となる国である。中国経済が米国の高失業率と経済低迷の直接的原因だと有権者が信じているから、今後、中国に対する外交・経済の面での強い圧力をかけることが予想される。もっとも、ロムニー氏が大統領に選ばれていれば、「就任第1日目に中国を為替操作国に認定する」と同氏が発言した関係上、感情的な中国バッシングが起きていたかもしれない。

しかしオバマ氏も、中国通貨の人民元の切り上げに圧力をかけるだろう。過去3年間のオバマ経済政策で元が11%切り上げられ、これで米の中国への輸出は2倍に増加した。中国元の切り上げは日本の経済にとっても理論的は有利に働くはずだ。とはいえ現在の日中関係では、尖閣問題が経済をロジック通りには動かさないだろう。

米国は国内に多くの問題を抱えているが、世界のナンバーワンであることに変わりない。ナンバーワンとして中東問題、欧州経済危機、イランや北朝鮮の核問題など一触即発の事態に備える責任がある。だが、GDP（国内総生産）ナンバー2の中国に対しては、軍事・外交の最重点政策を打ち出していくだろう。

日本が経済的にも地政学的にも、米国にとって極東の最重要同盟国であることは、むしろより明白となっている。日本のメディアや自民党は、民主党の普天間に関する不手際で日米関係にきしみが生じている、としている。だがこれは大局的に見て正しい情勢判断ではない。過去50年間にわたって米国人や米国社会に接してきた経験から言えば、「正しい自己主張は相手の尊敬を得こそすれ、決して仲たがいの要因とはならない」のである。イエスマンこそ見下げられ、対等の付き合いを妨げる。

今後求められる正しい日米関係は、相手を納得させるロジックと外交的手腕によってのみ達成される。今こそ日本の「脱受け身外交」が切に求められる時なのである。

佐
『秋田魁新報』「時評」2012年11月9日

3-7　米国衰退論と日本の再生

■外交問題に直面する第2期オバマ政権

米国のオバマ政権はブッシュ政権と異なり、一般に「オバマケア」と呼ばれる医療改革などの内政政策に重点を置いて発足した。しかし2期目の中間点のいま、内政よりも外交政策でさまざまな問題に直面している。いまやオバマ外交政策を「支持しない」が50％で、「支持する」の46％を上回った。

シリアの化学兵器使用、ロシアのクリミア半島編入とウクライナ問題、マレーシア航空機撃墜事件、そしてイスラエルのガザ地区侵攻と、1期4年の間に起きるような深刻な外交問題に、ここ1年未満で直面している。こうした大事件が発生するたびに、オバマ大統領は声明を読み上げるだけで、行動に移さない「弱いアメリカ」を印象づけている。

世界経済と外交問題で米国が主導権を握って行動しないと、米国衰退論が盛んになる。特に日本においてその傾向が顕著だ。だが、米国の経済力に関して結論を先に述べると、過去40年間の世界経済全体に占める米国の国内総生産（ＧＤＰ）の比率は23～28％で、２０１４年は24％（推計）である。つまり米国の経済力は落ちていないのだ。

政治、経済、外交を総合的に見ると、長期では米国衰退論の背後に三つの要因が存在する。第1は軍事費の過大支出、第2は米国を上回る経済成長率を持つ国の出現、第3が内向き志向である。

筆者が米国へ留学した１９５７年は、米国衰退論が叫ばれた最初の年であった。ソ連の人工衛星スプートニクが米国に先んじて打ち上げられ、ソ連の経済成長が米国を追い抜くと危惧された時期であった。米市民は世界最高の生活水準を享受しながらも、内向き志向が蔓延していた。

第2の衰退論は、ジョンソン政権のベトナム戦争で膨大な軍事費を投入、最終的に撤退に追い込まれたニクソン政権時代に喧伝された。市民は自己中心主義の時代を生きていたが、ニクソン・ショックを機にドルの衰退論も叫ばれた。

第3の衰退論は石油危機に始まり、省エネ大国日本の台頭とも関係している。日本の成長率が米国を上回り、未来学者ハーマン・カーンをして「21世紀は日本の時代」と言わしめた。だが、日本経済はバブルがはじけ、失われた20年を体験することになった。一方、米国はIT革命で再び世界をリードし、黄金時代を迎えた。

21世紀の米経済を脅かしているのは中国の台頭である。1990年の世界のGDPに占める米国の割合は27％で、バブル時の日本14％に対し中国は2％にすぎなかった。しかし現在は米国24％、中国13％、日本7％で、日中のGDPは逆転した。ちなみにドイツは過去20年間、5％前後を維持している。

現在は米国衰退論の第4期である。中国問題とは別に、冒頭で述べたように、戦争好きのブッシュ政権の反動としてオバマ政権の内向き外交に一因がある。イラクとアフガニスタンでの長期にわたる対テロ戦争で、米国は厭戦気分に覆われている。オバマ大統領はこうした市民の心情を察知して、勇ましい行動を控えている。

■衰退をいかに防ぐか

歴史的に見て、米国の強さは、その多極的経済構造にある。ニューヨーク、シカゴ、サンフランシスコといった大都市圏の他に、その他の地方経済が常に国全体を支えてきた。現在はニューヨークが金融、中西部州が農業、そしてカリフォルニアがＩＴ産業で世界をリードしている。

それでは日本は目前の衰退をいかに防ぐのか。

アベノミクスは円安と株高で短期的に効果を上げているように見えるが、長期的に日本の衰退を食い止め得る決定打を出せないでいる。大きな課題は都市と地方との経済格差である。人体に例えれば、心臓と肺がいくら強くても、手足が弱ければ歩行も仕事もできない。

円安になっても、現地生産が進んで日本国内のモノづくりが衰退している。自動車の国内生産は4割を切った。それに代わるものとして、日本の金融業の再生が叫ばれている。法人税の実効税率を20％台に下げる減税によって東京を東洋のロンドンにするとの構想もあるが、これもまた、地方無視の発想である。身体を支える足腰の筋肉たる地方経済の再生なくして、日本経済の発展はあり得ない。

佐　『秋田魁新報』「時評」2014年8月9日

3-8 新大統領と自由主義的秩序

■国際公共財の提供望まず

今日の米外交をいかに見るべきか。19世紀の米国は、初代大統領ワシントンの、面倒に巻き込まれる同盟を回避せよ、との忠告と西半球中心のモンロー主義に従い、世界的なパワーバランスで重要な役割を果たさなかった。

大きな変化は、ウィルソン大統領による米国の第1次世界大戦への参戦時に、欧州に200万人の米国兵を派遣した際に訪れた。さらに、彼は、グローバルでの集団的安全保障を目的とする国際連盟を提唱した。だが、米上院がそれへの加入を否決して、米兵が帰国し、米国は「もとの孤立主義に戻った」。

米国は今や世界的なパワーバランスにおける主要国であるが、1930年代には過激な孤立主義者となっていた。ヒトラーの脅威に対して、フランクリン・ルーズベルト大統領の雄弁でも、米国民を動かすことはできなかった。米国は世界最大の列強国となっていたが、国際公共財の提供というリーダーの役割を果たすことを望んでいなかった。30年代には米国主導の自由主義的組織はなく、その結果、経済恐慌、集団虐殺、第2次大戦が起きたのである。

転機が生じ、米国が世界的パワーバランスの中心となってから70年が過ぎているが、その契機は、戦後のトルーマン大統領の決断による米軍の海外駐留を伴う恒久的な同盟であった。47年、弱体化したイギリスはギリシャとトルコを支援する力を失い、英国に代わり、米国がその役割を果たした。米国は、

48年にはマーシャルプランに巨費を投じ、49年にはＮＡＴＯを創設し、50年には国際連合同盟を率いて朝鮮で戦った。

60年には米国は日本と新たな安全保障条約を締結したが、これらはソ連を封じ込める戦略の一環であった。ジョージ・ケナン氏（やその他の人々）が指摘したように、工業生産力と国力の五大主要地域は、米国、ソ連、英国、欧州、日本であった。このうちの三つとの同盟は米国を利することとなり、今日まで欧州、日本、韓国などに米軍の駐留が続いている。

■多国間の同盟関係に疑問

ベトナムやイラクのごとき発展途上国への介入に関しては、米国では激しい論争や政党間の主張の相違はあったが、戦後70年に及ぶ米外交政策の根本原理は、多国間の同盟システムの維持であった。だが、２０１６年の選挙で初めて、主要政党の大統領候補がこの根本原理に疑問を投げかけた。これは米外交政策の激変を意味する。

これまで米首脳にも外国のただ乗り行為に不満を持つ人たちがいたが、トランプ政権以前には、多国間の同盟関係に疑問を投げかける人はいなかった。

今後の見通しはどうなるか。米国の自由主義的秩序が続いた70年間においても、グローバルな問題に対するリーダーシップや影響力の違いは常にあった。トランプ氏は、同盟関係は維持すると思うが、国際公共財を提供する国際機関を持続するか否かについては、楽観できない。

ナ　『静岡新聞』「論壇」２０１７年４月１日

3-9　米国第一主義と自由主義秩序

■比較優位働く「競争の場」

第2次世界大戦後の世界政治における米国の力は比類なきものである。この時代を第1次世界大戦以前のパクス・ブリタニカ（イギリスによる平和）にたとえる人もいる。19世紀の英国は、世界秩序の中心にあり、安定した通貨、比較的開放的な市場、公海の自由のごとき公共財を供給していた。だが、当時の英国も現在の米国ほど圧倒的な力を持っていなかった。

しかし、分析家たちの中には、米国の自由主義的秩序が終焉に近づきつつある、と信じている人たちがいる。フィナンシャル・タイムズ紙のスティーブンス氏によれば、「1945年に設立され、冷戦終結後に拡大した自由主義的政治体制には、いま、比類なき重圧がかかっている」。

これらの見解は、「米国第一」のスローガンの下で、世界を「グローバル共同体」ではなく、比較優位が働く「競争の場」と見るトランプ政権の政策的立場によって強化される。

1945年以降の自由主義的国際秩序とは、弱い国家でも米国の力を制度的に利用できる政治体制である。米国は、多国間の条約や組織のもとで、貿易や公海の自由などの国際公共財を提供してきた。そして米国は、ソ連との冷戦競争時代には独裁者を支持したこともあったが、全体としては開かれた民主主義の原則を優先してきた。

だが、米国の自由主義的秩序には、多くの虚偽と真実が混在している。キッシンジャー氏が指摘したように、世界全体を含む真の世界秩序はいまだ存在していない。現在の体制は、主に米国、欧州、日本を中心とする、同じ目的を持つ国家の集団で、非メンバーには、常に有益な効果を及ぼすとは限らなかった。中国、インド、ソ連圏のごとき大国は参加していなかったので、米国による「世界」秩序は、世界の半分以下をカバーするにすぎなかった。

軍事に関してもソ連の軍事力は米国と均衡していたため、米国が覇権を握っていたとは言えない。経済でも、米国は、世界経済を支配する規約や実践力に加えて、自由主義的なＩＭＦ体制を創り上げた。だが、これとても正確には「半分だけの覇権」と呼ぶべきかもしれない。

■ポストアメリカ時代入り

さらに、米国の力が最強であった時でさえ、その支配力の範囲には誇張があった。たとえば49年の「中華民国の喪失」、56年のソ連のハンガリー侵攻、キューバのカストロ政権の樹立、60年代のベトナムでの敗戦、などを防ぐことはできなかった。

現在、一部の分析家たちが、世界はポストアメリカの時代に入りつつある、と主張しているが、中国には世界秩序を作り出す力はない。たとえ中国やロシアなどの反自由主義的な国家が新しい秩序に参加する場合でも、世界が、条約や規約に基づいた国際システムの継続を必要とするならば、米国に代わる役割を果たす国は存在しない。われわれは、日本、欧州、インド、ブラジルのような自由主義的民主国家と、より深い協力関係を追求すべきである。

ナ　『静岡新聞』「論壇」２０１７年9月1日

3-10　トランプ氏のサプライズ政策

■濾過過程経ず予測困難

米国人ばかりでなく世界を驚かすトランプ氏のサプライズ政策は続いている。米国は環太平洋連携協定（ＴＰＰ）と気候変動に関するパリ協定からも離脱した。また中国および欧州の双方と貿易戦争を始めた。そしてトランプ氏は、北米自由貿易協定（ＮＡＦＴＡ）からも脱退すると脅し、北大西洋条約機構（ＮＡＴＯ）の加盟国に防衛費支出を引き上げるよう脅迫している。

トランプ大統領は就任演説で、「今日から今後は、ただひたすらアメリカ第一です」「私たちは世界の国々との間に友情と友好を求めます。しかしその前提には、すべての国は自国の利益を優先する権利があるという認識があります」と述べた。

国のリーダーが国益を守ることは当然である。しかし、国益を如何に定義すべきか。19世紀のジャクソン大統領は、国益を狭義かつ即効的なものに限定した。トランプ氏は、この伝統を踏襲する国粋主義者であり、保護貿易信奉の大衆主義者である。

社会科学者たちは、世界政治の変化を広範な構造的および社会的な力関係から説明しようとする。だが、国のリーダーの役割も重要である。ハーバード大学のＧ・ムクンダ教授によると、一部の政治家は政治経験という「濾過過程」を経て、より予測可能なリーダーになる、としている。例えば、これまでの日本の首相は著名な国会議員である。米国では、政治的に知名度の高いリーダーたちもいるが、この濾過過程を経ずにリーダーとなった予想外の人たちもいる。だが後者への評価は一定ではない。

リンカーン大統領はこの濾過過程の経験の少ない大統領であったが、最も優れた米国大統領の一人と考えられている。トランプ氏も、ニューヨークの不動産業とリアリティーテレビの経歴から政治的濾過過程を経ずして当選した大統領である。トランプ氏が、現代メディアを巧みに操り、社会通念への挑戦と破壊的な革新の提唱にたけていることは証明済みである。

一部の人々は、トランプ氏の派手で型破りの戦略が、北朝鮮、イラン、パレスチナのごとき凍結状態の問題にプラスの効果を持つと信じている。だが私はこれには懐疑的である。もっともトランプ氏の任期はまだ終わっていない。

■世界政治に新たな変容

ともあれ、トランプ氏に続く次の第46代大統領は、変容した世界状況に直面することになる。それは、一つには、トランプ氏の政策の影響もあるが、世界政治のパワーシフトが西から東へ（アジアの台頭）、また政府から非国家主体（サイバーおよび人工知能の力）へと変化しているからだ。

過去70年、世界最大国の米国には自由な経済と政治があった。これが、開かれた国際経済システムの創設のみならず、民主主義的な価値および人権問題の推進に重要な意味を与えてきた。20世紀のヒトラーのドイツやソ連が勝利していたら、いまの独裁主義の中国の優位性が示すように、別の世界秩序が生まれていたであろう。トランプ氏の戦略は、世界政治に新たなサプライズ要因を与えることとなった。

ナ 『静岡新聞』「論壇」２０１８年８月１日

［第2部］アメリカの外交戦略

ハード＆ソフトパワー

第4章 アメリカと日本の関係

4-1 危険な北朝鮮を抑止せよ

■「弱者のパワー」を発揮

北朝鮮は危険な地となっている。金正恩氏はこの情報化時代に全体主義的な一族支配を続けようとしている国の、若く、その資質が未知数のリーダーである。北朝鮮には今や100万台の携帯電話が存在し、闇市場でますます大きな役割を果たしている。北朝鮮は最近高いリスクをとる態度に出ている。核拡散防止条約及び6カ国協議から脱退した。また韓国海軍の船を撃沈し、韓国の島民を殺害した。失敗には終わったが、今年（2012年）はテストミサイルも発射した。これで、米国が食糧援助の準備をしていた、いわゆる「うるう日」協定さえ無効にしてしまった。

平壌がこれまで協定を破ってきたのは、最大の潜在的影響力を持つ中国が北朝鮮体制の潜在的な崩壊と国境地帯の混乱を懸念している、と認識しているからだ。私はこれを「弱者のパワー」と呼んでいる。北朝鮮は中国にとって崩壊させるには「重要すぎる」国だからである。

北京の視点からは、北朝鮮は東アジアのリーマン・ブラザーズなのである。一方平壌は、米国と日本が北朝鮮に対して軍事力を行使する準備が整っておらず、中国も軍事介入には乗り気でない、と踏んでいる。皮肉にも最近の北朝鮮による一連の危険な振る舞いが、意図的ではないにせよ、日本国民に米国海兵隊の沖縄駐留が妥当なものだと再認識させることになり、日米同盟強化の一助となった。

日本は、北朝鮮（あるいは中国）からの核の恐喝を受けるのではないか、と懸念している。日本の防衛は米国の核拡大抑止力に依存している。皮肉にも、日本は非核武装の世界（及びその目的の推奨）を実現させたいとの願望と、米国の核の拡大抑止力の低下への懸念との間で板挟みになっている。仮に米国が中国との核の均衡を目的として軍事力を減らせば、米国への信頼性が低下し、その結果日本は損害を被るだろう、と日本の防衛専門家たちは懸念している。日米の安全保障の専門家たちの議論は米国の拡大抑止力の本質を良く説明してはいるが、日本国民ももっと教育される必要がある。

■潜在的な核の脅威に対抗

拡大抑止力は核兵器の数や日本の領海内の核兵器の位置について他国との均衡を保つべき、と考えるのは誤りである。拡大抑止力は防衛能力と信頼性の組み合わせに依存する。たとえば冷戦中、米国がベルリンを守ることができたのは、ＮＡＴＯ同盟の結束という大きな賭けによってベルリン死守の約束が信頼性をもったこと、またソ連の攻撃に対して米国は犠牲者を出しても駐留を続ける意思を示したことによるものだ。

日本を守る米国の拡大抑止力は、依然として米軍の駐留によって最大限に発揮されている（日本はこれを寛大に支援している）。地域弾道ミサイル防衛の開発のような共同プロジェクトによってもその信頼性が高まるであろう。

いつの日か、北朝鮮は金王朝の一族支配から解放されるであろう。その間、われわれは如何なる潜在的な核の脅威も抑止できることを明確に示さなければならない。

ナ　『静岡新聞』「論壇」2012年8月1日

4-2　ケネディ新大使の就任を喜ぶ

■父没後50年の節目

日本は新しい米国大使キャロライン・ケネディ氏を迎えた。新大使はハーバード大学で教育を受けた優秀な弁護士であり、また作家でもある。オバマ大統領が最初に大統領候補として名乗りをあげた時以来の支持者であり、ケリー国務長官とも親しい。佐々江賢一郎駐米大使のワシントン公邸で開かれた壮行レセプションでの茶会では、日本は米国の最も大切な同盟国である、と述べた。彼女は東京で影響力をもつ大使となるだろう。

そして、もちろん、彼女はケネディ元大統領の長女である。アメリカに王族はいないが、もしいたとすれば彼女はまさに王族の一員である。特に、2013年11月、父親の没後50年に彼女が東京に赴任した巡り合わせには感慨を覚える。最近米国のテレビ番組で幼い頃の彼女が父親と遊ぶ写真が何度か放映された。日米関係の強化に大きく貢献したライシャワー大使を任命したのが、ケネディ元大統領だったことも日本人はよく覚えている。

ケネディ元大統領の就任演説は、母国のために米国民が何ができるかを問い、犠牲を訴えたものであった。彼は平和部隊、人類の月面着陸、中南米発展同盟などの事業計画を創設した。ケネディ氏は改革志向や雄弁話術の持ち主であったが、イデオロギーにとらわれることなく、慎重に対応する人だった。自らの言葉を実現できなかったとケネディ氏を批判するよりも、危機の対応において、イデオロギーや変革よりはむしろ用心深い交渉と取引を重んじたことにわれわれは感謝すべきである。

ケネディ元大統領の短い任期中で最も重要な功績は、1962年のキューバミサイル危機への対応であり、20世紀における核戦争の最大のリスクが回避された。ケネディ氏はピッグズ湾での失敗から学び、ソ連のキューバでの核兵器設置に対しては、慎重な危機管理を行った。軍部を含め、アドバイザーたちの多くは空爆と侵攻を勧めたが、もしもそれを行っていればソ連の現場指揮官の限定的な核兵器使用につながっていたことが、今になって明らかとなっている。ケネディ氏は空爆の選択肢を残し、時間を稼ぎながら、フルシチョフとの休戦交渉を続けた。

■日本には極めて幸運

さらにその上、ケネディ氏はキューバミサイル危機でのニアミスから教訓を学び、冷戦の緊張緩和プロセスのきっかけとなった1963年6月10日の有名な演説を行った。そこで「合理的な人々にとっての合理的な目標たる平和について語っているのである」と、述べた。

大統領の平和ビジョンは目新しいものではないが、ケネディ氏は最初の核兵器規制条約であるPTBT（部分的核実験禁止条約）の締結に成功した。

いまだに答えが見つからない大きな疑問点は、大統領の任期中に、ケネディ氏がベトナム戦争という愚行から米国を救い得たか否か、である。不幸にもわれわれはその答えを永久に知ることはできない。だが、彼の娘キャロライン氏を新しい駐日米国大使として迎えることは、日本にとって極めて幸運なことである。

ナ 『静岡新聞』「論壇」2013年12月1日

4-3 日米同盟「かつてなく重要」

■アーミテージ氏と報告書

アーミテージ氏と私は、2000年に、大接戦のブッシュ・ゴア大統領選のさなか、日米同盟に関する最初の報告書を発表した。その目的は、日米同盟はその重要性に鑑み、選挙の年に激化する党派政治を超えて扱われるべきだと主張することにあった。私は、クリントン政権の国防総省に勤めた民主党員だった。共和党政権内で同じポストを務めたアーミテージ氏は、ブッシュ（息子）政権になると、国務省のナンバー2の国務副長官となった。

われわれは、先月初めワシントンで、日米同盟に関する第4次報告書を発表した。その表題名の『かつてないほど重要』は全てを物語っている。

1996年、クリントン大統領と橋本龍太郎首相は、日米同盟は東アジアの安定と繁栄の基盤である、との東京宣言を発表した。貿易と投資は不安定な環境によって阻害される。東アジア地域は、当時、中国の台頭という安全保障の長期的課題と、北朝鮮の金政権による核政策の短期的かつ即時的変更という予測不能な問題に直面していた。

日米は繁栄をもたらす安全保障の枠組みに貢献してきた。日米は、世界の最も革新的な二大経済国で、世界生産の30％を占めていた。両国は、人権保護、民主主義、自由市場、法による統治などの価値を共有し、共通の利益への脅威を抑止・防御するための堅固な軍事的能力をも共有している。

同盟の強固さは明確である。過去5年間にわたり、日米は新しい防衛指針を結んだ。また同盟調整メカニズムを設置し、弾道ミサイル迎撃兵器を開発した。日本は、集団的自衛権の行使を可能にするため国内法および特定秘密法を改正した。日本は、インド太平洋地域の明確なリーダーとしての役割を果たしてきた。その一環として環太平洋連携協定（ＴＰＰ）推進に力をいれてきた。

■貿易、対中、北朝鮮に直面

だが、日米同盟は、貿易摩擦、中国の一帯一路政策、そして北朝鮮の核計画から生じた新たな挑戦に直面している。今回の第４次報告書は、日米両国がこれらに如何に対応すべきかを示すものである。

われわれの10の特定の提案は、いくつかの範疇に分けられる。経済の相互関係の強化には、開かれた貿易と投資体制の再確認が必要である。軍事的協力関係の深化には、基地の共同運用の拡大、日米共同統合任務部隊の創設、自衛隊に総合司令部の設置、そして合同緊急計画の実行が求められる。日米の共同技術開発の促進には、防衛設備の共同開発やハイテク技術協力の拡大が必須である。

アジア地域のパートナーとの協力の拡大には、日米韓の安全保障協力の活性化とインフラ整備基金の設立などの地域的経済戦略の推進が必要である。

われわれの目的は日米両国の共通の利益を守ることであり、日米同盟は過去数十年間、両国を共に益してきた。この同盟は今後もかつてないほど重要であり続ける。

ナ 『静岡新聞』「論壇」2018年11月1日

4-4 菅義偉新首相と日米外交

■安倍氏が立ち位置強化

日米同盟に勝る重要な同盟はない。冷戦の終結時には、この同盟は歴史的遺物として廃棄されるだろうと多くの人々が考えていた。だが、1996年の橋本龍太郎・クリントン両首脳による日米安保共同宣言によって、日米同盟は東アジアの平和と繁栄の基盤となった。いまや日米同盟は、北朝鮮の予測不可能な独裁政権と中国の台頭という国際情勢の下で、かつてないほど重要なものとなっている。

安倍晋三前首相はこうした国際情勢を認識し、日米同盟の強化にいくつかの政策変更を行った。彼は、日本国憲法第9条の解釈を変更して、自衛隊の集団的自衛権を確認した。これによって自衛隊と米軍との協議関係が改善された。

トランプ政権が環太平洋連携協定（TPP）から離脱した後も、安倍前首相は、11カ国で「包括的および先進的な環太平洋連携協定（ＣＰＴＰＰあるいはＴＰＰ11）」を推進し、国際貿易秩序を強化した。彼は、「インド太平洋」の概念を用いて、地域的安全保障協力のネットワークを拡大した。

また、彼は特異的な性格をもつトランプ大統領との間においても良好な日米関係を維持することができた。同盟国の首脳たちの中で、安倍氏ほど予測不可解な米大統領にうまく対処した人はいなかったし、前首相のリーダーシップによって、アジア地域のみならず世界全体における日本の立ち位置が強化された。

米国は、新しい大統領の誕生の可能性がある選挙前夜にいる。日本の政権は菅義偉首相に引き継がれているが、新首相は米国ではあまり知られていない。だが、菅氏は、約8年安倍内閣の忠実な内閣官房長官であり、非常に敏腕なマネジャーであった。この事実から、米国人は彼を信頼している。さらに、菅内閣の半分以上の閣僚は、安倍前政権からの留任である。

菅首相は外交よりも国内政策により関心があるようだが、これは良いことかもしれない。コロナ禍の下での日本の経済成長は、日本、米国、そして世界にとって望ましいことだからである。

■対韓、対中関係に課題

日米同盟は、いくつかの課題に直面するだろう。まず第一に、北朝鮮の金正恩委員長は核兵器とミサイルの開発を続け、予期せざる不快な事件を起こす可能性がある。この状況下で、菅首相が未来志向をもって韓国との関係を改善することを、米国は望んでいる。

第二に、ますます強い態度で行動している中国政府の問題がある。国境紛争でインドと対立したように、近隣諸国に対する中国の「戦狼外交」は自滅的で、危険な計算違いの事態を招きかねない。菅首相は、デリーおよびワシントンと緊密な関係を維持する必要がある。

そして、第三の議題は、米国の選挙結果への対応である。バイデン候補が勝利すれば、日米同盟の維持に責任を持ち、日本を利することになる。もしもトランプ氏が再選されれば、菅首相は、数多くの難題を抱えることとなるだろうが、前首相の経験から学ぶことが多いはずである。

ナ『静岡新聞』「論壇」2020年11月1日

4-5 バイデン・菅両政権と日米同盟

■世界経済の安定へ不可欠

グローバルシステムに関する現在の規範的ルールは、多くの課題に直面している。すなわち、世界に広がるパンデミック、気候変動、経済的混乱、そして列強の覇権競争の再発などである。

中国は、増大する経済、外交、軍事力などを用いて、現状を変えようとする地政学的目標へ突き進んでいる。例えば、オーストラリアに対する中国の最近の経済的ないじめ行動を見れば明白である。米国はかつて、中国が「責任ある利害関係国」となることを望んでいた。だが、習近平国家主席は、中国をより対立的な方向へと導いている。

一部の悲観主義者たちは、中国の人口の大きさや高い経済成長率から見て、中国を抑制することは不可能だと考えている。しかし、国際同盟の観点で見れば、日、米、欧の先進民主主義国の富の合計は、中国の富をはるかに上回っている。これは、東アジアおよび世界経済の安定と繁栄のためには、日米同盟がいかに重要であるかを改めて教えるものである。冷戦終結時には、日米の多くの人々が、日米同盟は過去の遺物だと考えていたが、いまは、将来のために不可欠なものである。

2000年以来、アーミテージ元米国務副長官と筆者は、日米同盟に関する超党派の報告書をいくつか発表してきた。今回のバイデン次期大統領の誕生に伴い、『2020年の日米同盟―グローバル課題での対等な同盟』という題名の第5次報告書を発表した。

そこでの主張は、日本は日米同盟の中で指導的役割を果たしている、というものである。トランプ政権下で米国の外交方針が定まっていない間、日本は地域的な目標を設定し、自由貿易協定や多国間協力を擁護し、新たな戦略を実行してきた。これらの業績の多くは、安倍晋三前首相によるものである。彼は、憲法第9条の再解釈を主導し、国連憲章の下での日本の集団的自衛権の行使を可能とした。そして、米国を除く環太平洋連携協定（TPP11）を実現させた。

■日本が主導権を取る外交

幸い、安倍政権の内閣官房長官であった菅義偉首相の下でも、この地域的リーダーシップの政策は続くであろう。世論調査によれば、日本に対する信頼度は、米国、南アジアおよび東南アジアにおいて、かつてないほど高いものとなっている。日本が主導権を取る外交はワシントンで懸念を招いた時期もあったが、今日では、これが問題となることはない。それは、日米が、共通の利益と、同盟の基盤を形成する民主的な一連の価値を共有しているからである。

日米の世論調査は、米国が世界の中で積極的な役割を果たすことへの期待と、日米同盟への高い支持を示している。前述の報告書は、米国と日本が歴史上のどの時期よりも、今日ほどお互いを必要としている時はない、と結論付けている。日米が協働して対処すれば、中国の台頭に対しても、秩序に基づいたグローバルの規範的ルールを主張することで問題を克服することができる。これこそ、日米同盟がバイデン・菅両政権にとって引き続き最優先課題であることの理由なのである。

ナ 『静岡新聞』「論壇」2021年1月1日

第5章　グローバリゼイションとアメリカ

5-1　米国エネルギーの独立とは何か

■政治的効果も考慮すべき

米国の予算問題をめぐる政治の混迷に関しては悪いニュースばかりが多かったが、米国経済の潜在的トレンドは良好である。その一つは、新しい水圧破砕技術の開発と国内探査や生産増強の巨額の投資によって、石油および天然ガスの生産が増加していること、である。これらは紛れもない事実であり、最近まで非現実的と考えられていた問題に対して新たな議論の復活が始まっている。

20年前、ニクソン元大統領は、輸入の急上昇、ＯＰＥＣの輸出制限そして石油価格の4倍もの値上げなどを背景に、米国エネルギーの独立政策を宣言した。カーター、レーガン両元大統領もこれに同調し、超党派の支持を得てきた。だが、大多数の専門家たちはこれを夢物語と考えていた。

現在、米国のエネルギー独立の確率はいかほどか。答えは、独立の定義による。問題は正しい定義が何であるかではなく、役に立つ定義は何か、である。役に立つエネルギー独立の定義とは、単に北米内の需給がバランスするか否かの観点からのみ与えられるべきではない。独立の定義には米国の外交政策の自由度という政治的効果も含まれるべきである。仮に技術的楽観主義者の見方が正しく、北米内でエネルギーの需要と供給が均衡したとしても、エネルギーの独立を達成したことにはならない。量的な意味での独立は政治的な独立を意味しないからである。

世界経済は今後も長期間石油に依存するであろう。エネルギーの輸入が減少すれば、長期的にみて米国の弱みは軽減される。だが、石油は代替可能な商品であり、米国経済は依然として世界価格の変動ショックの影響を受けやすい。さらに世界経済を混乱させ、米国の貿易相手国に損害を与える産油国による供給制限のオイルショックからも米経済は影響を受ける。

▩同盟国を通じ世界と関連

サウジアラビアの革命の勃発や、イラン紛争によるホルムズ海峡の封鎖など世界エネルギー市場の遠方での出来事は、米国とその同盟国のヨーロッパや日本に損害を与える。従って、仮に米国が中東でイスラエルや核非拡散などに関心を失ったとしても、また北米内でエネルギーの輸出入が均衡していたとしても、米国が中東地域の石油輸出ルートを守るための軍事支出から解放される可能性は低いのである。

米国のアジア外交「再重点化」政策により、東アジアの優先度は高まった。地域のパワーバランスを維持しようとする米国の努力は、世界のエネルギーのバランスに左右される。従って、たとえ北米内の需要と供給が量的に均衡しても、米国は外交政策におけるエネルギー問題から解放されることはない。米国と世界経済は直接あるいは間接的に日本のような同盟国を通じて深く結び付いている。だが、米国内のエネルギー生産の好転は歓迎されるべきであり、米国に有利な立場を与えることは確かである。

ナ 『静岡新聞』「論壇」2013年11月1日

5-2 中国の進出と日印関係

■世界第7位の経済大国

インドはいまや、世界第7位（購買力平価では第3位）の経済大国である。インド経済の規模の大きさは、世界経済のみならず、アジア本来のパワーバランスにとっても、また中国パワーの抑制でも、重要性が増している。これが日本の安全保障にも影響を与える理由である。

インドは人口で2025年までに中国を追い越し、世界最大の経済大国となるが、インドの問題を過小評価してはならない。教育がなければ、人口の大きさだけでは人的資源にはつながらない。インドは識字率と経済成長率で中国に大きく遅れている。

何十年もの間、インドは一人当たりの経済成長率が1％をわずかに上回る程度の、いわゆる「ヒンズー型経済成長率」に苦しんできた。1990年代初めの市場志向型の改革後、インド国民党の下で成長率は7％に上昇したが、その後5％に下落した。2014年の選挙後は、モディ首相のインド人民党連合が成長率の下降を反転させたが、最近また成長は鈍化している。

インドは、年間ほぼ500億ドルを使う大きな軍事力を持っている。ソフトパワーに関しては、民主主義を確立し、またハリウッドを模して、ボンベイ（現ムンバイ）のボをとった「ボリウッド」の映画産業は、制作映画本数では世界最大である。こうした進歩はあるが、インドは依然として、低開発国で何百万人もの人々が教育を受けておらず、貧困に苦しんでいる。インド人口13億人のほぼ3分の1が深刻な貧困状態にあり、世界の貧しい人々の3分の1はインドに住んでいる。

中国国民の識字率は95％であるのに対し、インド全体の識字率は74％、インド女性の識字率は65％にすぎない。この問題は、世界大学ランキング上位100位内にインドの大学が一つも入っていない、という国際比較にも現れている。ハイテク輸出でも、中国が総輸出の30％を占めるのに対し、インドのそれは5％にすぎない。

■安全保障に深刻な懸念

インドが直ちに世界列強となる可能性は低いが、その無視できない国力は、すでにアジアのパワーバランスに影響を及ぼしている。インドと中国は1993年および96年に、62年の戦争につながった中印国境紛争問題に関する平和的解決の合意書に調印した。だが、昨夏（2016年）、国境問題が再燃し、中国が今春開催した「一帯一路」の式典にインドは参加しなかった。

インドと中国は共に新興5カ国（BRICS）の一員であるが、この集団内の協力は限定的である。インド人の編集者は、インドから見れば、「一帯一路」は中国がコントロールする「物笑いの計画」だと見ている、と言っていた。中国との関係について、インドの政府高官は公的な場ではしばしば慎重であり、2国間の貿易と投資の成長を望んで賢明に振る舞っている。だが、非公式には彼らは安全保障に関して深刻な懸念を抱いている。インドにとって、日本との外交関係の改善は、ますます重要な戦略目標となっている。

ナ 『静岡新聞』「論壇」2017年11月1日

5-3　トランプ外交混乱の1年目

■同盟関係の必要性再確認

ベトナムやイラクのごとき発展途上国への米政府の介入については、米国民の間に意見の対立があった。だが、70年間にわたる欧州および日本との同盟体制に関しては、米国民大多数の強固な支持を得てきた。そして２０１６年以前には、これに疑義を唱える主要大統領候補はトランプ氏以外誰一人いなかった。

だが幸いにも、トランプ大統領は政権1年目に立場を変え、同盟関係の必要性を再確認した。しかしながら、彼はパリ気候協定やユネスコから、また、オバマ大統領が交渉してきたＴＰＰ（環太平洋連携協定）から離脱し、ＮＡＦＴＡ（北米自由貿易協定）との再交渉を主張している。中国との貿易戦争の可能性をも示唆した。

トランプ氏は「米国ファースト」の政策を発表したが、これによるグローバルリーダーシップの空白は中国の習主席によって埋められる結果となった。しかし、米外交政策の問題は、中国に追い越されることではない。米国の今の問題は無秩序状態で本来なすべき仕事を完遂できなくなることである。

これには、ネットワーク、もろもろの機関、そしてソフトパワーが必要である。複雑化する世界では、他者と最も多くつながっている国家が最強国家となる。米国には条約を結んだ同盟国が60カ国ほどあるのに対し、中国には数カ国しかない。昨年（２０１７年）の米国のソフトパワーは30指数中で第1位だったが、トランプ政権になって3位に落ちた。また、エコノミスト誌の推計では、昨年までは、世界150カ国中、ほぼ100カ国が米国寄りで、反米国は21カ国であった。

これらのネットワークは、グローバルテロリズム、金融不安、気候変動などへの対応に不可欠である。ネットワークはソフトパワーを生み出す重要な資源なのである。残念ながら、トランプ氏はいまだにソフトパワーの重要性を理解しておらず、国務省と国連の予算を削減した。

第2次世界大戦後、米国の歴代大統領は、同盟関係を増やし、国際機関を創設した。彼らは、スマートパワーにはハードとソフトの両パワーが必要であることを理解しており、武力行使に関する枠組みとしての国連と未曽有の経済成長に貢献したブレトンウッズ（IMF）体制を設立した。

■予測が困難な政策の将来

米国が作り出した体制は、開放性によって全ての人々に利用可能な公共財を作り出すことから、自由主義的国際秩序と呼ばれてきた。しかし、この名称は紛らわしい。これには政治・軍事的諸問題、経済関係、生態学的関係、自由主義的価値の促進まで含まれるからである。

米国の外交政策の将来については、現大統領の気まぐれな性格の故に予測が困難である。軍事面では、トランプ氏の以前の発言から予測した以上に、強固な政策を打ち出しているように見える。だが、国際経済体制やグローバル・コモンズ（国際公共財）の統治に関しては、軍事面と同じとは言えない。2017年の米外交政策は混乱の年であった。

ナ　『静岡新聞』「論壇」2018年1月1日

5-4　トランプ発言と米外交の変遷

■「丘の上の町」アプローチ

トランプ氏のハイチ、アフリカ、その他の国々に対する野卑な発言は、米国内の人種差別や米外交政策の倫理性に関する議論を巻き起こしている。

1年前の就任演説で、トランプ氏は、「今日、この日から、ただひたすら米国第一、米国第一となります。（中略）私たちは世界中の国々との友好と親善を求めます。しかしその前提には、全ての国は自国の利益を優先する権利がある、という認識があるのです」と述べた。

民主主義国の国民は自らの利益を守るため、リーダーたちを投票で選ぶ。だが、リーダーたちは如何にわれわれ国民の利益を定義すべきなのか。

トランプ氏は続けて、「私たちは自分たちの生き方を他国に押し付けたりはしない。むしろ模範として輝かせよう」。米外交政策の伝統的倫理は、「丘の上の町」アプローチと呼ばれている。孤立主義ではないが、積極行動主義を控えるものである。

17世紀の清教徒、ウィンスロップによれば、「われわれには世界中の人々の視線が注がれている」。ワシントン大統領は「巻き込まれる同盟」を避けると誓い、1821年のジョン・クインシー・アダムズ大統領の名言によれば、米国は「怪物を探して退治するために海外に出て行くことはないが、自由と独立を求めるあらゆる人々の味方であり、米国自身のためにのみ闘い、そして守る」。

レーガン大統領も、1980年代に「丘の上の町」を説いた。トランプ氏は昨年（2017年）12月、米国家安全保障戦略を発表した際、「われわれは米国の流儀を誰にも押し付けたりはしない」が、「われわれは世界の光り輝く模範として、米国の偉大さを賛美する」と述べた。

しかし、一方で、非介入主義が米外交政策の唯一の伝統的倫理ではない。アダムズ大統領は国務長官時代に、介入賛成派から、オスマン帝国に反抗したギリシャの反政府組織を助けるべきとの政治的圧力を受けた。

■ソフトパワー二つの源泉

20世紀初めには、セオドア・ルーズベルト大統領は極端な人権蹂躙に対して、介入も「正当化されるし、妥当である」と論じた。また、ウィルソン大統領は、世界中で民主主義を確実なものにする外交政策を模索した。20世紀半ばには、ケネディ大統領が、米国人は自国のみならず、世界のために何ができるかを問うべきだ、と訴えた。

ベトナム戦争後、カーター大統領は人権擁護を米外交政策の主要関心事とした。さらに2006年、ブッシュ大統領（息子）は、トランプ氏と正反対の国家安全保障戦略、すなわち、米国は自由・公正・人間の尊厳を推進し、民主主義諸国のリーダーとなるべきとする、2本柱の政策を発表した。

以上のように米国のソフトパワーの源泉は、光り輝く町の伝統か、あるいは人権に対する自由主義的干渉主義に基づいたものである。

しかしながら、トランプ氏の粗暴な言葉や政策は、米国の魅力やこのソフトパワーの伝統を損なう結果となっている。

㋤『静岡新聞』「論壇」2018年2月1日

5-5　行き過ぎたグローバル化

■自由貿易主義が持つ欠陥

日米貿易協定が国会で承認され、来年（2020年）1月1日発効する見込みとなった。日本側は環太平洋連携協定（TPP）の水準まで関税を引き下げるとしたが、米国は、自動車と関連部品の関税の撤廃を見送った。

トランプ大統領は、対日貿易政策で、中国に対するような強硬姿勢をあからさまに取ることはなかったが、日本に対しても「関税を最後の切り札」として残しておきたかったのであろう。何しろ、トランプ政権の過去3年間の貿易政策は、重商主義者もかくや、の短絡的な保護主義の信奉に基づいていたからである。

トランプ氏は、貿易を「ゼロサムゲーム」とみなし、貿易黒字は利益（善）で、貿易赤字は損失（悪）と思い込んでいる。この悪を是正するためには、手段を選ばないが、まず「関税」で相手を脅す手法をとってきた。これが米中の貿易戦争である。

こうした18世紀の重商主義的政策に対峙してきたのが、現代経済学のグローバル・自由貿易主義である。この主張を代表するのがノーベル賞経済学者のP・クルーグマン教授である。だが、最近、教授は、行き過ぎたグローバル化時代の自由貿易主義は欠陥を持つとし、自らが提唱してきた自由貿易主義の主張は間違っていたかもしれない、と軌道修正的発言を始めたのである。

クルーグマン氏は、明らかに中国の台頭を念頭において、グローバル化の行き過ぎ（スーパー・グローバリゼイションと呼んでいる）の下では、米国の労働者が貿易の自由化によって損害を被ることがあり得る、と主張し始めた。彼は２０１８年3月の論文で「グローバリゼイションで何を失ったか」を分析し、自らの過去の主張に誤りがあったことを認めたのである。

行き過ぎたグローバル化の背後には、これまでの経済モデルでは想定されなかった、中国のような非民主主義的国家主導の市場経済の存在がある。つまり、グローバル化の自由貿易がすべての国に恩恵をもたらすためには、民主主義的市場原理が機能することが前提だとしている。

■企業が栄えて国が滅びる

ちなみに、クルーグマン氏のこうした思想の転換は、米国のフォーリン・ポリシー誌のハーシュ上級特派員の解説記事（２０１９年10月22日付）によって一般読者にも理解されるようになった。

グローバル化の日本経済に対する悪影響は、自動車産業その他の生産性の高い産業が、日本から飛び出し、米国や欧州、中国その他の国々で現地生産をしていることである。企業の立場からすれば、現地生産で現地の労働力を使い、また市場へのアクセスも容易であるから、合理的な経営方針なのであろう。

だが、日本経済全体から見ると、生産性の低い産業が日本に残り、日本経済のマクロ的成長率が伸びなやみ、悪影響をもたらしている。生産性の低い産業の代表格が、医療・介護その他のサービス産業であるから、賃金が低いのに人手不足の現象が起こる。日本経済は人手不足の完全雇用の状態であるが、低成長で、このままではグローバル企業が栄えて国が滅びることになりかねない。

佐　『静岡新聞』「論壇」2019年12月10日

5-6　中国と西欧の衰退

■医療改善に莫大な費用

今年（2020年）2月に開催された第56回ミュンヘン安全保障会議で、最も多く話題に上ったのは中国に関連するものであった。そして西欧の衰退問題の議論は誇張されていると感じた。

新型コロナウイルス問題が示すように、中国は強さと弱さの双方を持っている。中国の独裁体制は、コロナウイルスが蔓延するまで、その問題を完全に認めようとしなかった。だが、中国は、武漢市に強力な隔離政策を課す手段をとった。このパンデミック（世界的大流行）の沈静化後には、中国は、医療システムの改善に莫大な費用を支払う事態に直面するであろう。

西欧の衰退のテーマは、新しいものではない。シュペングラーは、第1次世界大戦後に名著「西欧の没落」を著した。冷戦中、米国の政治評論家や政治家たちは、衰退主義への信仰と反論の議論を繰り返していた。だが、冷戦が終わると、多くの人々は西欧が勝利したと信じた。フランシス・フクヤマ氏は、

1992年の著書『歴史の終わり』の中で、「人類は、イデオロギー進化の終点と、同時に、政治の最終形態として、西欧の自由民主主義の普遍化」に到達した、と主張している。

その数年後、ハンチントンは、『文明の衝突』の中で悲観的な予測を発表した。すなわち、「中国の台頭と、この『人類史上最大の主役』の自己主張の発言力が、21世紀初頭の世界的安全保障に絶大なストレスを与えるだろう」と述べた。

中国は、強さと弱さの双方を併せ持つ国である。米国にはいくつかの優位性がある。一つは地理的条件である。米国が海と友好的な近隣諸国を国境としているのに対し、中国は14カ国と国境を接し、インド、日本、ベトナムとは領土問題を抱えている。

米国のもう一つの優位性はエネルギーである。シェール革命は、米国をエネルギー輸入国から輸出国へと変容させた。だが中国はエネルギーを輸入に依存しており、輸入には、米国が制海権を握っているペルシア湾とインド洋を通らなければならない。

■「優れた資産」で対応を

米国にはまた、人口の優位性もある。今後15年にわたり、米国の労働力は5％増加する予想だが、中国は9％減少するだろう。中国は人口順位で世界第1位をまもなくインドに明け渡すこととなり、労働年齢人口はすでに2015年にピークに達している。米国はそれに加えて、大学における最先端技術開発では、世界をリードしている。

米国が今後も日本との同盟関係を維持している限り、中国は米国を西太平洋から排除することはできない。2017年、エコノミスト誌の前編集長のエモット氏は次のように述べている。「確かに、西欧の門前には野蛮人がいる。近隣諸国を支配し、米国に対して同等のパートナーとして処遇せよ、と迫る中国の圧力への対応は困難である」。だが、「同盟、友情、合法性という、西欧が持つ最も優れた資産」を用いればその対応にも成功するであろう。

ナ 『静岡新聞』「論壇」2020年4月1日

5-7 米中の新型コロナ対応失敗

■自国第一主義は収束阻害

中国と米国の新型コロナパンデミックへの初期対応は、失敗であった。習近平中国国家主席とトランプ米大統領は、ともに、大流行の否定と誤報から出発した。この結果、検査や封じ込めの時間と国際協力の機会が失われた。

いまや両国は、ロックダウンの甚大な損失を被り、宣伝合戦を続けている。中国が、ウイルスは米軍によるものだと非難すれば、トランプ氏はそれを「中国ウイルス」と名指ししている。しかし、ウイルスは、人間を国籍とは関係なく死に至らしめる。人類のウイルスとの戦いには、国際協力なくしては勝つことができない。

国のリーダーは全て、自国の利益を最優先する義務を負っている。そこでの道徳的選択は、その利益をいかに広義に、あるいはいかに狭義に定義すべきか、である。GDP第1位と第2位の米国と中国は、協調には関心がなく、それぞれを短期的、ゼロサム・ゲームの競争相手として対応してきた。私の新著、『モラルは重要か』で示したように、トランプ氏は「アメリカ第一主義」を狭義に解釈した大統領である。それは、1945年以降、ルーズベルト、トルーマン、アイゼンハワー元大統領たちが策定した、長期的利益を目的とする米国的アプローチから後退した政策である。

ウイルスはいくつかの波となって現れるかもしれない。1918年のスペイン風邪のパンデミックの第2波は、第1波よりもさらに多くの死者を出した。われわれは、複数年にわたる戦いに備えるべきであり、情報の共有、治療法とワクチンの開発・製造、および医療物資や機器の製造・流通に対処しなければならない。南北両半球の間で、ウイルスの季節的急増が起こる可能性はきわめて高い。北半球で小休止となっても、ウイルス（あるいはその突然変異）が南半球に移り、季節が変われば再び、北半球に戻ってくるかもしれない。

最近キッシンジャー氏が論じたように、国のリーダーたちは、復興のための2国間および多国間の国際的協力の道を選択すべきである。競争的な宣伝を止め、他者を「支配する」パワーではなく、他者と「協力する」パワーの重要性を明確に示すべきである。

■国際基金作り恩恵共有を

豊かな国々は、コロナの波が、第三世界の貧しい国々に移り、やがて再び豊かな国を含む全ての人々に害を与えることを認識すべきである。G20諸国は、各国の利益および人道上の理由から、マーシャルプランの如き、国連新型コロナウイルス基金を創設し、その恩恵を全ての国々に与えるべきである。

これを選択すれば、今回の大流行は、より良き世界への道につながる。一方で、現在の自国第一主義の道を歩み続ければ、既存の国家主義的ポピュリズムと技術の独裁主義的利用の傾向が加速するだろう。トランプ氏が彼の政策を変える可能性は低いので、手遅れとの見方はあるが、運命の今年（2020年）末までに選択をすれば良い。11月の米大統領選は重大な意味を持っている。

ナ 『静岡新聞』「論壇」2020年5月1日

5-8 コロナ禍時代の国際協調

■米国が主導権とる認識を

トランプ大統領の国家安全保障戦略の焦点は、大国間の競争に当てられている。だが、この戦略は不十分と言わざるを得ない。情報革命とグローバル化の下では、国際政治は常に変化しているからである。米国は、仮に大国としての地位を維持できたとしても、単独行動で国の安全保障を守ることはできない。新型コロナはまたとない例であり、米国の死者数は、すでに1945年以降の戦死者数を上回っている。

貿易紛争やパンデミック（世界的大流行）による世界的景気後退は、経済のグローバル化を遅らせているが、環境のグローバル化の拡大は今後も続くであろう。パンデミックや気候変動はすべての人々にとって脅威であり、いかなる国も一国のみで対処することは不可能である。国家安全保障戦略の成功には、まず、米国がその大きさ故に、世界的協調の主導権をとるべき、との認識を持つことである。

公共財（全ての人々によって共有され、誰もがその恩恵から排除されるべきでない財、例えば清浄な空気）の古典的な問題は、最大の消費者が主導権を握らなければ、他者のただ乗りがおこり、公共財は生産されない、という点である。トランプ氏の戦略は、国際公共財としての国家安全保障問題に何ら対応していない。

新型コロナや気候変動の如きグローバル問題に関しては、ゲーム理論的に言えば、プラス・サム（正の和）ゲームとして考察されるべきである。すなわち「他者の上に立つ」パワーだけではなく、「他者と協調」して共通目標を達成するためのパワーも考慮されなければならない。グローバル問題に関して、他者を力づけることは、自分の目標を達成するのにも役立つ。米国の安全保障と繁栄への鍵は、「他者の上に立つ」パワーと同様に「他者との協調」のパワーの重要性を学ぶことである。トランプ政権はこの役割を果たしていない。

■第2波に備え前進期待

私の新著、『モラルは重要か』で論じたように、全ての国は自国の利益を最優先すべきであるが、最近の出来事から推測すれば、現政権は、国際機関や同盟諸国にほとんど留意せず、短期的かつゼロサム的取引を重視している。トランプ政権の政策は、１９４５年以降、ルーズベルト、トルーマン、アイゼンハワー元大統領たちが策定した、多国間秩序の下での自己利益優先の長期戦略から後退している。

米国とソ連の冷戦中、両国の緊張は火星人による外的脅威の発生によってのみ緩和される、というジヨークを言っていた人たちがいた。今日の新型コロナは、まさにこの外的脅威である。ウイルスは、人間の国籍に関係なく死に至らしめる。しかし、これまでの対応は国際協力の強化ではなく、否定的反応、保護主義、責任転嫁である。

1918年のスペイン風邪のパンデミックは、世界主体で、第1次世界大戦よりも多くの死者を出した。人類が新型コロナの第2波あるいは次のパンデミックに遭遇する前に、世界が国際協調へと進むことを切望する。

ナ 『静岡新聞』「論壇」2020年7月1日

5-9 コロナ禍とワクチン外交の勧め

■他者と協調するパワー

新型コロナウイルスは、健康危機、経済危機、そして社会危機を発生させた。だが、これによって、米外交政策のリーダーシップの危機も露呈した。

情報革命とグローバル化の影響の下、国際政治は変容している。たとえ米国が世界の最大強国であったとしても、単独行動では米国の外交目標の多くを達成することができない。だが、米国の国家安全保障に関する論議と予算は、中国との大国間競争に集中的に充てられている。

このパンデミック（世界的大流行）が示したように、今世紀になって国境を越えた相互依存性は劇的に増加している。経済のグローバル化の後退の可能性はあるものの、環境のグローバル化は継続するだろう。気候変動と海面の上昇は全ての人々の生活の質に影響を与えるが、一国のみで対処できる問題ではない。薬物問題から感染症そしてテロ対策に至るまで、国境を越えて侵入する共通の世界的脅威と課題に対処するため、米国はネットワークや多国間制度の発展に主導権を発揮しなければならない。

米国は、日本、ヨーロッパ、中国、そしてその他の国々とより緊密に協力しなければならない。パワーはプラス・サム（正の和）ゲームの協調によって効果を現す。米国の「他者の上に立つ」パワーだけでは不十分である。共同目標を達成するため、「他者と協調する」パワーをも考慮しなければならない。国境を越えた多くの問題に関しては、他国に権限を与えることが、自国の目標の達成に役立つのである。

中国がエネルギー効率を改善し、二酸化炭素の排出量を削減すれば、米国と日本は恩恵を受けるのである。ネットワークとその連結性が、その国のパワーの重要な源泉となる。複雑化する世界では、他国と最も多く連結している国家が最も強い国家なのである。

米国の現在のリーダーたちは、私の新著『モラルは重要か？──F・ルーズベルトからトランプまでの大総領と外交政策』で述べた、1945年以降の米大統領たちの成功物語を思い出してもらいたい。

■貧しい国々のために

米国はマーシャルプランのように、大規模なコロナウイルス援助計画を開始すべきである。米国は、ワクチン国家主義をやめて、公衆衛生システムが不十分な貧しい国々、特にコロナ禍への初期対応の医療従事者たちを対象として、米国型ワクチンの20％を提供する、と表明すべきである。米国は、自国の利益および人道的理由の双方の目的で、貧しい国々のための新たなコロナウイルス基金にG20の主要各国が出資することを求めるべきである。

もしも米国の一人のリーダーがこの政策を採用すれば、このパンデミックはより良き世界への地政学的道筋を与えることになり、米国のソフトパワー回復の一助ともなるだろう。しかしながら、米国のリーダーたちが現在の政策を続けるならば、新型ウイルスは、国家主義的ポピュリズムと独裁主義的技術使用のトレンドを加速化させる事態を招くだろう。

ナ　『静岡新聞』「論壇」2020年10月1日

5-10　米の指導力と国際公共財

■「諸々の国」台頭で複雑化

公共財とは全ての人が享受することができる財であるが、経済学者が指摘するように、そこには多くの問題がある。誰もが享受できるものに、何故カネを払わなければならないのか？　タダ乗りが可能となるからである。公共財を最大限に消費する者が進んでそれを作り、提供しなければ、公共財は、過少となる。

第2次世界大戦以来、米国は完璧な形ではないにせよ、軍事力の均衡、国際金融の安定、自由な貿易制度、航行の自由などといった国際公共財の提供に率先して関わってきた。最大の経済大国、米国がその供給に努めなければ、その他の国々は公共財の不足に悩まされることになる。それ故、米国の外交政策の中心的な目標は、この問題にリーダーシップを発揮し続けることである。

一部の米国人は、米国には将来この役割を担う余裕はないと考えているが、これは正しくない。米国は（これまでと同様）多くの問題を抱えてはいるが、生産性の上昇が止まった古代ローマの如き絶対的衰退期に入っているわけではない。

米国は移民の受け入れによって今世紀半ばまで人口減少に苦しむことのない、唯一の先進主要国である。米国のエネルギーの輸入は減少している。われわれは今世紀の主要テクノロジー（バイオ、ナノ、情報）の最先端にいる。さらに、米国の大学は世界の有名校のトップに君臨している。そして米国は世界のどの国よりも多くの同盟国や友好国を持っている。

米国が直面する真の脅威は、「諸々の国の台頭」の問題である。新興市場諸国が成長しても、米国を凌ぐほどの単一の挑戦国を生む可能性は低いが、「諸々の国の台頭」はより複雑な世界をつくり出す。ここでのリーダーシップの課題は、如何に各国に適当な役割を与え、行動をさせるかである。

軍事力は依然として米国のパワーの重大な要素であるが、それだけでは十分でない。ヨーロッパと東アジアにおいて、同盟を維持しながら軍事的均衡を保つ米国の戦略は極めて重大である。だが、中東革命の民族主義的な集団内部の政治に関与し、支配しようとすることは無益である。

■国際協調ますます重要に

情報革命とグローバリゼイションの影響下では、米国が単独で行動して国際的な目標の多くを達成することは不可能である。この点において、世界政治は変化しつつある。例えば、国際金融の安定や世界的な気候変動対策は、ヨーロッパ、日本、中国、その他の国々との協力が不可欠である。麻薬や伝染病、サイバー犯罪、テロに至るあらゆるものが国境を容易に越える現代においては、ネットワークやそれを活用する制度を創り出すソフトパワーがますます重要となる。

かくして米国の世紀は、力の均衡と国際公共財の創造の分野で米国が中心的役割を果たすという意味では、今後も続くだろうが、外交政策の成功は20世紀後半のものとは異なった政策によって達成されることになる。

［ナ］

『静岡新聞』「論壇」2015年8月1日

［第3部］日本の政治・経済・社会の行方

第6章　日本の政治過程

6-1　集団的自衛権と米国の反応

■日本が戦争に巻き込まれる⁉

安倍政権が集団的自衛権の行使容認を閣議決定した翌日、ニューヨーク・タイムズ紙は「日本と軍事力行使の範囲」の論説を掲げた。

冒頭に「安倍晋三首相は多くの日本人の反対を押し切り、アジア地域の不安感を増幅させる新しい憲法解釈に踏み切った。一例として、これで日本の軍隊は、攻撃を受けた米国艦船の防衛を擁護することもできるし、北朝鮮から米国めがけて発射されたミサイルを攻撃することもできる」としている。

これは安倍首相が集団的自衛権行使の必要例として挙げるケースに似ている。首相の例は「日本人が乗っている米艦船が攻撃を受けた場合」を想定することで、日本人の抵抗感を和らげようとしている。日本人の立場からすれば、同胞救助の目的ならば日本の軍事力の行使が正当化されると思いがちだからである。

だが米国側は、日本人が乗っていようがいまいが、自衛隊が米艦船の援護に出動することは可能と解釈している。日本人が乗っていないことを理由に、米国の援護を拒否することは不可能であろう。ここで重要なのは、人が乗っているか否かではない。米艦船への攻撃はそれ自体、戦争を意味するのである。戦後70年近い歴史で、米艦船が他国から攻撃を受けたことはない。いかなる国も、米艦船への攻撃は米国との戦争となることを知っている。唯一の例外はトンキン湾事件だが、これは米国が仕掛けた自作自演の挑発にベトナム側が乗った例とされている。当時の日本は集団的自衛権が行使できなかったので、ベトナム戦争にも巻き込まれずに済んだ。だが、今後同じような事態が発生すれば、日本は戦争に巻き込まれる可能性がある。

米政府関係者や一般市民は、米国が「世界の警察官」であることから、日本が進んで米軍を支援することに反対する理由はない。だが、「いつの日か日本が強くなり過ぎて米国の脅威となり、米国以外の国と日本が集団的自衛権を行使して米国を攻撃することも理論上は可能だが、それでも容認か」との問いに対しては、「日本の集団的自衛権を米国への攻撃に使われては困る」が答えだ。

■真の愛国心とは

日本人の半数以上は集団的自衛権問題に否定的な立場を取っている。反対者の多くは戦争経験者や被害者たちである。昭和一桁生まれの筆者を含む同僚たちは、戦争を知らない首相や多くの閣僚たちが閣議決定によって憲法解釈を変更したことに不安感を持っている。それは、われわれが愛国心を持っていないからではない。

筆者の例で言えば、いったん留学したら10年間は帰国できない60年前、こんなことがあった。イチローが所属していた野球チームの地、シアトルのワシントン大学の助教授時代、シアトル港に停泊していた船に翻る日章旗を4年ぶりに見て感涙を禁じ得なかった。期せずして自身の愛国心を意識したのである。

最近では、五輪で日米が競っている時に、どちらを応援するかと学生に問われたことがある。答えは当然、日本。その質問自体が奇異に感じられた。

多民族国家の米国ながら、星条旗への熱い思いは想像以上である。しかし、サッカーW杯で日本チームを応援する日本の若者たちの愛国心はどこの国にも負けない。それは、平和的国際競争の協調主義に基づいた行動なのか。彼らの愛国心は、日本が国際紛争に巻き込まれたときでも「がんばれ、ニッポン」と熱狂的に支持するのか、あるいは自ら進んで戦場に行くのか。スポーツの応援と戦争の応援とは次元が違う、と答えるだろう。

安倍首相の真に日本の将来を憂える心と愛国心を疑うわけではない。中国の最近の動向を無視してもよい、と言っているのでもない。だが、それに挑発されて行動するのが真の愛国心ではない。今の若者たちが日本を動かす時代になったとき、憲法解釈変更による集団的自衛権の行使容認は日本にどのような結果をもたらしているのであろうか。

佐

『秋田魁新報』「時評」２０１４年７月９日

6-2　言葉が示す政治家の本質

■「排除」発言で希望敗北

小池百合子氏（東京都知事）の「排除」発言が災いして希望の党が今回の選挙で敗北した。希望の党の公認候補の選別で、政策などが合わなければ「排除する」との発言は、確かに「きつい言葉」だったかもしれないが、理念が一致しない政党は存在し得ない。だが、政治家の仕事の半分以上は、演説であり、「言葉の使い方」はその政治家の本質を示す。

米国においても同様である。言葉の使い方で頻繁に問題を起こしているのがトランプ大統領だ。最近では、ニジェールで戦死した米兵士への敬意を欠き、遺族に対し無神経な態度をとった。そして非難の表面に立たされた。作戦中に武装勢力の奇襲を受けて戦死した米兵の妻に電話した際に、トランプ氏は「自分は何（という組織）の一員なのか、（戦死した兵士は）分かっていたはずだ」と言ったという。

大統領はツイッターで「全くのつくり話だ」と反論したが、米兵の母親は「息子への敬意を欠いていた。息子の名前すら知らずに電話してきた」と不満をあらわにしていた。

日米を問わず、政治家には二つのタイプがある。最近の例で言うと、第一に石原（元東京都知事）・トランプ型と、第二に、レーガン・オバマ型である。石原・トランプ型は、自身の非を認めず、批判されると逆に反撃するタイプだ。片や、レーガン・オバマ型は、相手に不快感を与えないように説得を試みるタイプである。第二の型に属するような日本の政治家は特に見当たらないが、一般の政治家は批判をされると、弁解がましく説明をしようとする。強気の小池氏さえも、自分の非を認めて謝罪をした。

石原氏とトランプ氏は、前言を取り消さないことで、支持者をひきつけておこうとするタイプである。石原氏の熱心な支持者たちは、小池知事の下での証人喚問の席に現れた石原氏の姿を見て、「あんなにも弱気でしおれた石原氏の姿は見たくなかった」と、落胆したという。

■対照的な前・現大統領

レーガン元大統領は、俳優としての経験から、言葉と態度を使って「演じる」ことにたけていた。オバマ前大統領は、ハーバード法科大学院での討論会で頭角を現した名演説家であった。他方、トランプ氏は語彙が豊富ではなく、「グッド」や「バッド」などの短絡表現を連発する。また、それがラストベルト（さびついた工業地帯）の白人労働者層に受けているのが現実だ。

こうした日常的な政治家の言語の他に、ケネディ元大統領は「アメリカ国民の皆さん、国があなたに何をするか、を問うのではなく、あなたが国に何ができるかを自問してください」の名就任演説を残した。だが、この有名な一説は、R・ブリッグス氏が1904年にハーバード大学女子校の卒業式で「母校があなたに何ができるかではなく、あなたが母校に何ができるか、を考えなさい」からの引用であることを知る人はあまり多くない。

この例が示すように、言葉は誰が言ったのか、によってその価値が決まる。言葉はその人間の本質を表すすべである。

佐

『静岡新聞』「論壇」2017年10月31日

6–3 米国が「異常」と見る日本政治

■政治の異常事態が日常化

「日本においても、度を過ぎた違法行為が今や新しい政治の規範となっている」。これはニューヨーク・タイムズ紙が、最近の日本政治について論評した記事の見出しである。ここで「日本においても」としたのは、当然トランプ政権の手法をも批判したものである。ただし、この記事の主要部分は日本批判であって、結論で「安倍政権は、トランプ政権と似ていない、とは言い難い」と間接的に米政権を批判している論調である。

この記事の1面、麻生太郎副総理兼財務相が国会の委員会で、安倍晋三首相とヒソヒソと私語を交わしている写真も掲載されている。いわゆる森友問題の責任を取って、麻生氏の大臣給与1年分約1万5600ドル（170万円）を自主返上するが辞任はしない、と報じている。その他森友学園への国有地売却で8億円も値引きしたのは、首相夫人が関係しているからだということは誰の目にも明らか、としている。

加計学園の獣医学部新設問題に関し、首相が新設が決まるまでこの計画を知らなかったと主張しているのは、米国の常識では信じ難い。長年の友人である加計孝太郎氏を特別扱いにしたか否かについては、米国ならば、特別検察官を任命して真相を究明する事件である。

また、森友問題で、公文書が改ざんされても当事者たちが不起訴になっている事態に言及し、立法・

司法・行政の三権分立が機能していない、安倍一強政治の意向をくむ「ソンタク」政治が日本の新しい政治規範の一部となっている、と手厳しい。この記事は、南スーダン日報隠しの問題にも言及し、日本の自衛隊が直面した危険な戦闘状態も平和活動と名付けて処理されたことも重大な問題、としている。米国ならば軍法会議ものだが、これもうやむやの中で政治トピックから消えてしまった。

こうした政治の異常事態が、日常茶飯事の政治行為として日本で受け入れられているのは野党の弱さがその原因、と同紙は指摘している。同紙はその分析をしていないが、私見では、野党の弱さは日本の選挙制度に起因していると考える。つまり日本では小選挙区制度を導入しているにもかかわらず、二大政党が競い合う状態になっていない。

端的に言えば、比例制度の併用が日本の二大政党の実現を妨げている。日本の選挙制度は欧州のそれに近いが、米国式の「比例代表制なしの小選挙区制度」ではない。この米国式制度を採用しない限り、日本での二大政党の実現の可能性は少ない。確かに、比例制度にはそれなりのメリットがある。有権者の少数意見をくみ上げる制度として考えられたものであるから、政権を取れない党が乱立する結果をもたらす。

■政権交代は望み薄

戦後の日本でも、小沢一郎氏らによる野党の政権奪取が2回成功したが、長続きしなかった。その理由の一つは、比例制度による救済で弱小党が与党から分裂していったからである。結局、現在の選挙制度では、二大政党による政権交代は今後も日本では望みが薄いと言わざるを得ない。

「度を過ぎた違法行為」があっても、安倍政権が存続するのは、失われた20年時代と比べると経済が上向き傾向にあるからだ。現に大企業の収益は最高水準を記録し、人手不足で就職率100%の状態である。有権者の短期的なニーズを安倍政権はおおむね満たしている。特に都会中心政策は、安倍政権の「お友達優遇志向」の弊害を相殺する効果を持っている。一方で、地方創生についての不満は、有権者が自民党を見限るほど強くない。

日本には隠れた三つの危機要因がある。その第一が財政・年金・社会保障危機、第二が人口減少、そして第三が地方の衰退である。9月の自民党総裁選において、本格的に日本の将来を左右するこれらの問題について活発な議論が展開されるだろうか。また、ニューヨーク・タイムズ紙が取り上げた「度を過ぎた違法行為」問題が総裁選の議論の対象とはならないのか、世界が注目している。

佐 『秋田魁新報』「時評」2018年8月7日

6-4 悲しむべき日韓関係

■国家主義的な憤激を利用

日本が朝鮮半島を植民地化し、また、太平洋戦争中に朝鮮の「慰安婦」を虐待的に扱ったとされる1910年から1945年の35年間は、日本史上誇らしい時代ではなかった。

朝鮮半島の一般人がこの時代に憤激し、政治家がそれを格好の材料として利用しようとしても、驚くことではない。日本は、1965年の日韓基本条約と2015年の慰安婦問題日韓合意で補償問題は解決した、と考えていた。だが現実には両国の関係は深刻な争いへとエスカレートしている。

韓国の文在寅大統領は5年間の任期半ばに来て、政治的困難に直面している。韓国経済は減速し、北朝鮮との関係改善を意図した政策は行き詰まっている。文大統領は、米朝間の核問題の平和的解決を手助けした、と主張することは、もはやできない。このような状況で、文大統領は日本に対する国家主義的な憤激を利用することを考え、貿易紛争の中止を拒否した。そして、再び紛争中の竹島に対する領有権を主張し、米国の努力によって成立した日本との軍事情報包括保護協定（GSOMIA）を破棄した。

現在の日韓紛争は、文大統領が就任直後に、2015年の慰安婦合意を無効にしたことから始まった。その後、昨年（2018年）韓国の裁判所が、日本企業は戦時中の徴用工に対する個人的請求に対して責任を負うべき、という判決を下したことで関係が悪化した。

日本は、これらの問題は1965年と2015年の合意によって解決されている、と主張している。日本は、安全保障に関連する戦略物資の取り扱いについて韓国を信頼できない、との理由で、これらの輸出品の規制強化を行った。韓国はこれに対抗措置を取り、多くの韓国人が日本からの輸入品をボイコットした。そして、対話への打診を意図した8月15日の文大統領の演説に対して、日本側からは何の反応もなかった。韓国がGSOMIAを破棄した後、日本は韓国に対する輸出規制をさらに強化した。

■緊張緩和　米政権は消極的

過去においては、両国の国家主義の高揚によって日韓関係が悪化した場合、米国が背後で緊張緩和に動き、状況を沈静化してきた。しかし、トランプ政権は過去の政権に比べより消極的である。これは残念なことである。

いま、日米韓の3国は、東アジアにおいて共通の重要課題に直面しており、3国間での密接な協力が最も必要な時期である。最大の問題は、予測不可能な若い独裁者が、人民の不満が爆発しかねない火薬庫ともいうべき社会の上にあぐらをかいて、核兵器およびミサイル計画を進めている北朝鮮である。

長期的には、日米韓は、中国パワーの台頭への対応、というより大きな課題に対処しなければならない。中国が責任能力を持つ大国となるか否かの環境づくりは、この3カ国間の協力に大きく依存している。かくして21世紀の重要課題に直面している現在、20世紀の国家主義の残渣《ざんさ》によって両国関係が不能に陥っているのは、悲しむべきことである。

ナ 『静岡新聞』「論壇」2019年10月1日

6-5　菅政権の炭素目標　米の反応

■「最も厳しい安全基準」

菅義偉新首相の施政方針演説の中で、米国が最も興味を示したのは、「2050年までに国内の温暖化ガス排出を実質ゼロにする」との目標を発表したことである。

ニューヨーク・タイムズ紙は、10月26日付の電子版でこの問題を大きく取り上げ、日本、中国、韓国のアジア三大経済国がそろってEU並みの目標に踏み切ったことを歓迎する、と報じている。

同紙は日本の今回の決定が、中国の2060年までの温暖化ガス排出ゼロ宣言に強く影響されたのではないか、と述べている。そもそも日本は、2011年の福島原発事故以降、国民の原発に対する恐怖と嫌悪感を考慮して、石炭による発電に転換してきた。だがこれは最も環境を汚染するエネルギー政策であると非難されてきた。日本政府も、ようやくここで政策変更を打ち出そう、としたのである。

菅首相の演説は、デジタル化や携帯料金の値下げなど、国民生活に直結するような、国内向けの政策に重点が置かれていたが、温暖化ガスゼロ宣言は、国民生活に直接関係する政策変更であると同時に、グローバル経済に影響を与える外交課題でもある。いかにしてこの野心的なエネルギー政策を遂行するのか、については「イノベーションと規制改革」によって、としか具体的に示されていない。

50年までに、風力、太陽光、地熱などの自然エネルギーの重点的使用が、当然のことながら、増加すると予想される。だが、原発については、「世界で最も厳しい安全基準」の下で、継続的に使用されることが前提であろう。ここで、米国の友人の子息である著名な地質学者（シカゴ大学教授）の発言を引用しよう。「日本は地震発生の点で世界で最も危険なプレートの上に位置する国である。そこでの原子力発電を他国と比較して最も厳しい安全基準の下で行っていると主張するのは意味がない」

■エネルギー政策は不可欠

とはいえ、米国では、トランプ政権はパリ協定から離脱して、温暖化ガス抑制に協力してこなかった。今週の米大統領選挙で、民主党のバイデン前副大統領が当選すれば、米国のエネルギー政策も大きく変わるであろう。バイデン氏は、クリーン・エネルギー経済を実現するために、2兆ドル（約214兆円）の投資計画を発表し、「2035年までに、二酸化炭素を排出しない電力業界の実現」について言及している。ここで米国のエネルギー政策が大きく転換する可能性がある。

ポスト・コロナ時代に、菅政権が今回のエネルギー政策を発表したことは、日本がグローバル経済で後れをとらないためにも、不可欠な政策変更である。例えばEUは、温暖化対策が不十分な国からの輸入製品に対して、「国境炭素税」を課すことを検討しているし、脱炭素は、国際競争力を持つための不可欠な条件となってきている。

地球は確実に温暖化している。われわれが体験している夏の異常な暑さや、頻度が増す台風や豪雨による被害を極小化するためにも、日本が脱炭素で貢献することは、本質的に国益となる。

佐

『静岡新聞』「論壇」2020年11月3日

6-6 「スガノミクス」の経済政策

■都市と地方の二つの顔

安倍晋三首相の後継を選ぶ自民党総裁選で予想通り、菅義偉官房長官が新総裁に選出された。16日の国会で、首相に指名されることは確実である。ちなみに、これによって、初の秋田県出身の首相が誕生する。私的な関連で恐縮だが、菅新総裁は筆者の高校（秋田県立湯沢高校）の後輩であり、多数の同窓生から喜びの声が上がっている。

菅氏には都市と地方の二つの顔がある。氏のバックグラウンドは、湯沢市の秋ノ宮地区のイチゴ農家の長男として生まれ高校卒業後に上京し、働きながら大学を出て政治家の秘書を経て、横浜市議を2期務めた。その後、神奈川2区選出の衆議院議員となり現在に至っている。アベノミクスの推進者としての菅氏の行動は、氏の都会の顔である。一方で、ふるさと納税制度の発案者としての業績は地方の顔である。

アベノミクスの推進者としての菅氏は、都会の企業や株式・金融・為替市場の重要性を認識し、主としてマクロ政策に関心を示してきた。安倍政権が挙げたアベノミクスの成功の例として、「(前政権時代の) 1ドル＝70円台では企業の経済活動は極めて厳しい」との菅氏の発言は、都市型政治家の一面を示している。一方で、前述のふるさと納税制度の創設、インバウンド(訪日外国人客)の拡大や農産物の輸出促進への努力などは、地方経済への氏の関心の証左である。

菅氏は、アベノミクスの継承者を自認しているが、現実問題としては、「積極財政と金融緩和の政策」は踏襲するものの、成長戦略に関しては、コロナ禍の経験を生かして、幾つかの新しい政策が実行されることが期待される。これを仮に菅政権の「スガノミクス」と呼ぼう。

スガノミクスの主要の第一点は「デジタル庁」の新設であろう。コロナ禍によって、日本の企業および行政のデジタル化が国際水準で後れをとっていることを露呈した。スイスのビジネススクールが発表したデジタル競争力ランキングによれば、日本は23位である。1位は米国、2位シンガポール、3位スウェーデンで、韓国は10位、台湾は13位で、中国の22位よりも日本は劣っている。

■日本企業の生産回帰を

スガノミクスの主要の第二点は、デジタル庁創設と深く関わっている、中央省庁のタテ割り、前例主義の打破と規制改革の推進である。これら2点は、菅氏自身が総裁選で掲げた改革であるが、筆者は第三点として、日本企業の海外からの生産回帰（Uターン）の促進政策をスガノミクスの中に取り入れてほしいと願っている。

これは生産性の高い企業が、行き過ぎたグローバル化の波に乗って生産拠点を日本から外国（例えば中国）に移した弊害を是正するものである。静岡県の優良企業の生産の一部でも県内にUターンすれば、それだけ雇用も増え、生活水準も上がるからである。この地方へのUターン政策に、政府は補助金を出してでも後押ししてほしい。

紙面の関係で今回は菅政権の外交政策について触れることはできないが、トランプ氏は、日本の新首相に、持ち前の高圧的ブラフ（はったり）で接するかもしれないと、ある米国人が警告している。

佐

『静岡新聞』「論壇」2020年9月15日

6-7　秋田県初の首相の「スガノミクス」

■菅首相の地方と都市二つの顔

菅義偉官房長官が自民党の総裁選を制し、きょう召集される臨時国会で第99代の内閣総理大臣に選出される。秋田県出身者として初の首相ということになり、歴史的に誇るべき業績である。私的な関連事でお許しいただきたいが、菅氏は筆者の高校の後輩でもあることから個人的な関係を保ってきた。

菅氏は湯沢高校の1967（昭和42）年卒業の第19期生である。ちなみに筆者は1944（同19）年、旧制湯沢中学校入学、1950（同25）年、湯沢高卒業の第2期生であるが、創立77年にして湯沢高から総理大臣が誕生することになる。

同窓生が尊敬していた第1期生の故伊藤助成氏（元日本生命保険社長）や故横手幸助氏（元あさひ銀行会長）が存命であれば、さぞや喜ばれたであろうと思う。

本題に戻ると、菅氏には地方と都市の二つの顔がある。農家の長男に生まれて高校卒業後に上京、働きながら大学を出た経験と、もう一つは政治家の秘書を経て横浜市議を2期務めた後、神奈川2区選出の衆議院議員としての経験である。アベノミクス推進者としての菅氏の行動は都会の顔であるが、ふるさと納税発案者としての業績は深く故郷を思うもう一つの顔であろう。

アベノミクスを推進してきた菅氏は都会の企業や株式、そして金融・為替市場の重要性を認識している。アベノミクスの成功例として菅氏は、安倍政権以前の為替相場は1ドル＝70円台、日経平均株価は8000円台を低迷していたが、現在、為替相場は1ドル＝106円台、株価は2万3000円台まで回復した、と都会型政治家の一面を示している。一方では地方経済を潤すふるさと納税制度の他に、インバウンド（訪日外国人客）の拡大や農産物の輸出促進なども推進してきた。

■新たな経済政策を

菅氏は、アベノミクスの中で「積極財政と金融緩和の政策」は踏襲するものの、コロナ禍の経験を生かして新しい成長戦略を実行するものと期待される。仮にこれを菅政権の「スガノミクス」と呼ぼう。その第1の要点は「デジタル庁」の新設である。

デジタル庁の新設は、コロナ禍によって行政や企業のデジタル分野の後進性が露呈したことで、喫緊の課題となっている。

スイスのビジネススクールが発表したデジタル競争力の世界的なランキングによれば、日本は大きく後れを取っている。このランキングによれば日本は23位である。1位は米国、2位シンガポール、3位スウェーデンで韓国10位、台湾13位などと続く。日本は中国の22位よりも劣っている。

スガノミクスの第2の要点は、デジタル庁新設と深く関わっている中央省庁の縦割り、前例主義の打破と規制改革の推進である。これら2点は菅氏自身が総裁選で掲げた改革であるが、筆者は第3点として、日本企業の海外からの生産回帰（Uターン）の促進政策をスガノミクスの中に取り入れてほしい、と願っている。

日本経済は行き過ぎたグローバル化によって、競争力の強い自動車産業やその他のモノ造り産業が、日本を離れて海外に生産拠点を求めてゆく空洞化現象を経験してきた。日本の地方経済の有利性を活用することなく、日本の製造業は生産拠点を中国、タイ、ベトナムなどの外国に移してきたのである。

スガノミクスは日本企業の地方へのUターンを促進するため、政府が補助金を与える政策を奨励することである。秋田県内に日本の優良企業が再び生産拠点を移せば、雇用が増して人口流出を防ぐことができる。これこそ、きょう誕生する菅新総理が地方に貢献する最も手っ取り早い地方創生の政策なのである。

筆者の教え子で元農林大臣を務めた政治家は、菅氏を「たたき上げ」と呼ぶのは必ずしも正しくない、と述べた。彼は菅氏を「職務に対して腰の据わった人」と評したのである。

県民を挙げて、お慶びを述べよう。

佐

『秋田魁新報』「時評」２０２０年9月16日

第7章 日本経済は復活するのか

7-1 カネを使って国を元気に

■3・11後、沈む日本経済

3月の大震災以来、日本中がまるで喪に服したような状態が続いている。これが経済活動に反映して、GDPの落ち込みはリーマンショック時と比べても、統計を取り始めてから最大となった。このままでは日本経済全体が立ちゆかない所まで追い込まれつつある。

多くの人命を失い、多数の被災者が学校などで先進国の市民にあるまじき生活を強いられている。確かに、被災者の苦しみを目の前にしてとてもハシャグ気にはなれない。加えて原発事故で放射能が心配だ、と日夜報じられている。東京電力が発表した工程表によれば、今年の末まで事故を起こした原発施設の安定化は望めない、とのことだ。これでは誰でも憂鬱になる。

ここで思い起こすのは「9・11」後の米国人の言動だ。米中枢同時テロの首謀者ビンラディン容疑者が米側によって殺害され、米国人はいま仇討ちを果たした気分で国を挙げて喜んでいるが、10年前のあの大惨事の直後は国全体が落ち込んでいた。

だが、日本との違いは「ライフ・マスト・ゴーオン（生き残った者は通常の生活を続けなければならない)」の掛け声が起こったことだ。米市民は以前にも増してたくましく働き、カネを使い、義援金を出し、悲しみを分かち合い、「9・11」を克服しようとした。この結果、米国のGDPはほとんど変わることなく上昇を続けた。

日本人に、米国人のように振る舞え、とは言うまい。だが、いかなる国にも経済の基本原理が働いている。それは「カネを使わない経済は滅びる」鉄則だ。なぜならば「私の所得は、あなたの支出から生まれる」からである。これは1930年代の不況克服のためのケインズの有名な処方箋であった。

当時ケインズは、失業者に所得を与えるために、政府は道路を壊して作り直してまでも支出を増やすべき、と説いた。いまの日本の現状は、地震と津波で多くのインフラが破壊されている。政府が復興のためにカネを支出するのは当然のことだ。だがそれだけでは足りない。

一般家庭の消費、企業の投資、そしてその他全ての機関がいまこそカネを使って国の経済活動を活性化させる時である。米国民のように、悲しみと楽しみを共にカネの支出に結びつけるしたたかさは望めないかもしれない。だが、悲しみに打ちのめされて内向き志向でいては経済は下降をたどる一方となる。ケインズの「支出＝所得」は少なくとも短期には日本経済復興のキーワードなのである。

■新しい日本を創ろう

東日本大震災で日本経済の長期的な再構築の必要性が明らかになった。経済の復興から創造への段階で、「何にカネを使う（支出する）のか」が最重要課題となる。ここで役立つガイドラインは、シュンペーター教授の「創造的破壊」である。大自然の挑戦を受けてこれまでの秩序は破壊された。創造は

「想定外」を前提として、革新的イノベーションを駆使することから生まれる。

これからは、大自然と調和を保ちながら、新生東北、ひいては新生日本を築いていこう。その姿は、過大に原子力を要する「超電力依存社会」なのか。カリフォルニア州の面積しかない日本列島で、東京、東北、北海道電力圏内の東と、中部、関西電力などの西の圏内で電力標準周波数が異なっている。こんな非効率性を今後も引きずって行くのか。

平安時代の「貞観地震・津波（８６９年）」以来の千年に一度の今回のごとき大災害にも対処できる新しい街づくりをいかに達成するか。ヒトと機能とカネが一極集中している東京は、このままでいいのか等々と新たな目標への課題は尽きない。

「復興と創造」に、増税や料金の値上げを前提としてはならない。いまは不況と放射能の封じ込めに全力を挙げるときだ。ボランティア精神や義援金に加えて、一般国民にできるのは「悲しいから自粛する」のではなく、「悲しくてもカネを使って不況を回避する」ことである。

佐　『秋田魁新報』「時評」2011年5月8日

7-2　景気回復には楽観論者が必要

■景気の停滞

新年を迎えて明るい見通しを誰しも切望するが、残念ながら日本の景気に停滞感が強まってきた。回復軌道に戻るか否かは、海外経済の動向次第である。

スイスの為替取り扱い大手のデュカスコピー銀行は、その景気予測で今年前半の世界経済は「悪化」するが、3年後には「回復」との見方を示している。さらに世界経済を北米・欧州・アジア・太平洋地域に分けて予測し、欧州では向こう半年間に景気が最悪の状態になる、としている。だが3年後には、これら地域全てにおいて景気回復が期待される、とデュカスコピー銀行は発表している。

北米における景気は、今年後半に安定期に入り、米大統領選の行われる11月までには確実な回復軌道に乗るだろう。そして3年後には3地域の中でも最も活発な経済活動が期待される。一方、欧州でも3年後には安定期に入るが回復力は弱く、世界経済全体への足枷となる可能性がある。アジア・太平洋地域も3年後には、北米とほぼ同程度の力強さで世界経済を牽引していくだろう、との予測である。

数多くの景気予測がある中でデュカスコピー銀行のそれを紹介した理由の一つは、筆者自身がこれに関与しているからである。この銀行は前掲3地域の「景気予測に関わっていない大学教授」各10人（筆者を含む全世界から計30人）にメールを送り、向こう6カ月及び3年後の景気動向の「直感的」な予測を依頼してきた。その平均値を「直感指数」として公表したものが、先に述べた世界の景気予測である。

通常、景気予測といえば膨大な統計データと複雑な方程式モデルを駆使して行うプロの仕事を指す。だがその的中率は必ずしも「感」に勝るとはいえない。未来学者で予測の大家、ハーマン・カーン氏（理学博士）は、かつて「予測は超短期（1カ月）と超長期（100年）に対してしか行わない」と述べた。超短期であれば的中率は高いし、100年後には全ての人はこの世にいないからだ。ちなみに、氏は1970年代に「21世紀は日本の世紀」と予言したが、いまのところ、これが当たる可能性はない。

1983年に氏は21世紀を見ることなく他界した。

■政治の年に何が起きるか

今年は政治の年である。米国、ロシア、フランス、中国で政権交代の可能性がある。筆者の予想では、オバマ大統領の再選は60対40の確率で実現する、と見る。現職の強みと共和党の対立候補の混乱で、オバマ大統領は有利な立場にある。ロシアではプーチン氏が大統領として再登場するだろうが、デモ等で示されている国民の不満から、難しい政権運営となるだろう。イランや北朝鮮も、国際政治混迷の一因となって、原油価格を押し上げる可能性がある。

ユーロの将来は不透明だ。圧倒的な競争力で一人勝ちを続けるドイツが、本気でギリシャなどの南欧の債務国を救済するか、にかかっている。ドイツの経常収支の黒字は国内総生産（GDP）の5・7％で、中国の5・2％をも上回る。ドイツの黒字を南欧の赤字国に循環させることによってのみユーロ危機は回避できる。

日本の政治では解散の噂で国会周辺はきな臭い。この時期の解散は経済に大打撃を与えるだろう。こうした政治的混乱がなくても、日本の景気は弱い外需を復興予算の執行がどの程度カバーできるか。これがカギとなる。

米大統領選の年にはドル高・円安現象が起きるとされているが、今年は例外となろう。ゼロ金利が続いている日米両国で、異常なドル買いが起きるはずがないからである。

日本政治の問題は、社会保障と税の一体改革、という長期の課題を、この大不況時に短期の課題として騒ぎ過ぎる点にある。3年先の消費増税を発表する代わりに今は「安心して仕事に専念すれば日本は大丈夫」と国民を勇気づけるべきだろう。日本の将来に希望を与える楽観論のリーダーの出現が、今ほど望まれる時はない。

佐

『秋田魁新報』「時評」2012年1月6日

7-3　人口減少下の繁栄を求めよ

■「最適人口」とは

日本経済・社会を取り巻く閉塞感の最大要因は人口の減少だ、とする悲観論が横行している。昨年(2011年)10月1日時点の日本の人口は、前年に比べ25万9千人減少して1億2779万9千人となった。過去最大の減少で、「日本経済に一段と重荷」「少子高齢化の加速」などはメディアの反応である。

過去最大の減少の原因は東日本大震災による外国人の国外転出で、短期的現象である。しかし日本の総人口を歴史的に見ると、①現在の人口は必ずしも少ないものではない②いま直面している問題は人口減少に対応する医療、年金、雇用などの制度設計が全くできていない点③もう一つの問題は過疎と過密の人口の歪な分布――なのである。

①に関していえば、日本の総人口は、明治5(1872)年に3480万人であった。今から約100年前の明治37(1904)年には4613万人となり、戦前の昭和11(1936)年までに6925

万に増加した。戦後は引き揚げ者等の急増で昭和25（1950）年には8200万人を超え昭和42（1967）年に1億人を突破した。

やや長期的に見ると、奈良時代の約450万人が、平安時代には550万人となり、慶長年間（1596〜1615年）に1200万人に増加した。日本の総人口が3千万人に達したのは江戸時代の17〜18世紀であった。

明らかに日本の人口増加は明治以後の生活水準の向上と密接に関係している。同時に、人口増加も国力の増強や生活水準の向上に寄与している。この両者はニワトリとタマゴの関係にあるということだ。

各国にはその国に合った「最適人口」があるはずだ。例えば、米国の領土は日本の25倍だが人口は3億人で2・4倍にすぎない。日本の広さはカリフォルニア州とほぼ等しく、米国の人口の約半分がその一州に居住しているのがいまの日本の状態だと考えればよい。資源が貧困で領土の狭い日本にとって、人口の増加が必ずしも繁栄につながるとは言い切れない。

国土が日本とほぼ同じドイツの人口は8200万人である。しかも年率0・09％の人口減少が進行中で、これは日本の平均減少率を上回る数字だ。にもかかわらず、欧州連合（EU）の機関車的存在として繁栄を続けている。欧州の先進国フランス、イギリス、イタリアの人口はそれぞれ6千万人を超える程度である。

■新たな試みへの挑戦

②の日本が直面している問題は、日本の制度は人口の右肩上がりを前提として設計されているという

点である。少子高齢化を何とかしよう、とこの十数年間叫び続けながらも、具体的政策は何一つとしてとられていない。政治家の立場から見ると、確実な票田は高齢者層であり、高齢者が喜びそうな部分に税金を投じている。シルバー産業への投資は盛んで、全国至る所でケアに関する施設が増えているのに比べ、保育園や乳幼児に関する配慮は二の次、三の次となっている。女性が働いている間、子供を安心して預けられる施設を完備しない限り、人口増加は望めない。

これと関連して③で指摘した過疎と過密の問題は、一にも二にも大都市圏以外での雇用創設に帰着する。米国の州知事の成功の尺度は、その任期中に何件の企業誘致に成功したか、であるという。日本の県庁の任務を米国式に測ることは難しいだろうが、中央や他県からの企業・工場誘致を積極的に進める必要がある。日本のトヨタや日産が米国南部に進出したように、日本の地方に中国企業を誘致して中国製品を日本で製造する、などの新発想がなければ過疎は解決しない。

さらに人口問題や社会保障に関する分野で留意すべきは、北欧3国（スウェーデン、デンマーク、ノルウェー）に学ぶべきとの議論である。しかしながら、3国の合計人数はわずか2千万人にすぎず、ノルウェーは500万人にも満たない。従って、小国の運営をそのまま日本に当てはめることはできない。国の繁栄は、その国の新しい試みへの挑戦とヤル気にかかっている。日本が韓国に遅れをとってウォークマン的新商品が現れなくなったのは、人口減少のせいではない。

佐 『秋田魁新報』「時評」2012年5月9日

7-4 成長戦略は大企業のUターンから

■進む空洞化

長期間にわたる日本のデフレ、そして貿易赤字の増大は、日本企業の生産拠点が海外に流出したことが主たる原因の一つである。

米国などに倣い、日本国内での生産・雇用を重視する政策に転換し、海外に流出した生産拠点を引き戻し、海外企業が日本国内に生産拠点を置くよう努めるべきである。

アベノミクスの成功は第3の矢である成長戦略にかかっている。産業競争力会議などの議論では規制緩和がその主な対策とされている。だが、20年にわたる日本のデフレは規制があったからではなく、むしろ大企業の海外への拠点移動による空洞化がその原因である。これは米国の例から見ても明白である。

米国は輸入を最小化するため、他国の企業に米国での現地生産を強要している。日本の自動車会社もケンタッキーやカリフォルニアで生産し米市場で販売している。一方、日本は国内で空洞化が起きているにも拘らず他国での現地生産を容認してきた。日本政府は東北や九州での生産が日本の雇用を維持するのに必要と知りながら、高成長の中国、ベトナム、タイなどでの現地生産を許している。

その結果、日本に残った産業は低生産性の農業や労働集約的な医療サービス、そして土木工事の建設業となった。これでは日本のGDPは伸びない。一方、グローバル企業としていわば日本を捨てた大企業も、家電メーカーのように韓国やその他の後発国の企業に勝つことができなかった。これでは日本も救われない。

経済学の立場から言えば、東南アジアのような高成長圏に輸出を増やし、国内産業の雇用増を計ることが最善の政策である。ある程度の現地生産は企業のコストを軽減する意味では必要だ。その場合日本を出た産業に代替する新産業や新企業が出現すれば空洞化は防げる。米国ではＩＴや派生商品を使った金融・不動産業が、他国企業の現地生産と共に空洞化を緩和させた。日本の大企業のように、本部機能を残して丸ごと現地生産に偏るのは企業の利益にはなっても国益にはならない。

■日本での生産にインセンティブを

最近、トヨタはレクサスを米国や中国で現地生産をする、と発表した。ドイツはベンツやＢＭＷ車が日本でよく売れても、決して日本で現地生産をしない。これはドイツが国内産業を如何に大切にしているか、の証である。日本の貿易赤字は最大の8兆円にも上がる状態に悪化した。これは、原発事故という特殊事情に依る燃料の輸入増と円安が原因である。円安なのに輸出は減っている。その主な理由は、日本企業の急速な海外移転である。昨年の日本大手自動車会社8社の実績は、国内生産９００万台、海外生産1億5千万台、輸出はわずか４００万台である。

日本の長期成長戦略は言うまでもなく高生産性部門の創造である。また、高生産部門を持つ大企業を日本に引き戻す戦略である。規制緩和が必要なのは日本の大企業は無論のこと、ベンツやＢＭＷの外国のメーカーが日本で生産する方が有利だとのインセンティブを与えるためである。日本企業のＵターンを誘うためには、特別な減税措置も必要となろう。

日本を捨てて海外で現地生産をする企業に対して、それなりのペナルティを課すこともやむを得まい。昨年の米大統領選の折に、米大手自動車会社が、政府からのカネで救済されたにも拘らず、中国で生産をした疑いあり、と非難をされた。米国ではそれほど現地生産が政治的に問題視されている。

日本では本社機能と根幹の部分を日本に残せば、枝葉部分を海外に移す事は奨励されてきた。だが現実には、国内に司令塔部分の老齢経営陣だけを残し、海外で大収益を上げる企業が増える一方である。企業が栄えて国が滅びる空洞化を防ぐためには、日本企業のUターンを促進する政策が求められている。

佐　季刊『統治の分析』第5号　2013 Summer

7-5　輸出拡大は地方経済の力で

■遅れるグローバル化への対応

貿易大国ニッポンの終焉が危惧されている。とりわけ、日本の経常収支の黒字額が減少の一途をたどっている。その主な要因は、輸出の減少である。昨年度の輸出額は71兆円弱にとどまり、2007年の最高額85兆円に比べ17％も減少した。アベノミクスの円安効果が1年以上続いているのに輸出が一向に伸びていない。最大の理由は日本がグローバル化に失敗したからだ、との見方が有力である。

例えば日本の自動車メーカーの対応を見ると、円安でも生産を国内ではなく、需要があり賃金も安い海外で行う流れが続いている。リーマンショック後の円高から円安に変われば、国内生産にシフトすると予想されていたが、これが見事に外れた。日本の自動車メーカー8社の国内生産比率は、既に40％を切り、36・4％にまで下落している。

これに伴い、日本の雇用も減少傾向をたどり、地方では人口の流出が止まらない地域が目立ち始めている。企業の海外シフトはグローバル化の過程と深い関係を持っているが、米国などと比べて日本の対応は遅れている。地方経済をうまく活用することで、企業の海外シフトを引き止めることができるからだ。

米国の事例を見てみよう。1990年代初めの日米自動車摩擦を契機に、米国は自国のメーカーは無論のこと日本などの外国企業に対しても、現地生産を強要する法律を作った。これは特に、労働賃金の低い南部や西部の地域に外国企業が生産拠点を設けることを目的としていた。米国は地方の安い賃金を利用して地方を活性化し、空洞化を防ごうとしたのである。

この米国の政策は日本企業にとって、外国での生産という慣れないリスクがあるにせよ、日本車を海外で販売することができる点で、渡りに船であった。半面、この現地生産方式が現在の日本の輸出減の原因をつくった。

グローバルにモノ、カネ、ヒトが動く現在、この3要素を自国の繁栄のためにいかに活用するかに経済政策の成功の鍵がある。米国はIT産業で世界をリードし、巨額のカネをクリック一つで瞬時に動かしている。世界中からモノを買いあさっているが、移民を受け入れ、外国企業の現地生産を奨励して雇用の維持に成功している。

一方、日本はカネをクリック一つで動かす米国式の手法より、現地生産にカネを注ぎ込む方式を選んでいる。先述のように現地生産する企業のメリットは、低い労賃と潜在的需要の存在である。だがヒトへの対応では、移民を奨励しない社会風土に加え、国内雇用を最重視せず、グローバル化にもうまく対応できていない。

▓地方へ企業誘致を

日本の地方の働き手は、日本の企業が現地生産を続けている途上国の労働者よりも、高い生産性を持っている。途上国の労働者よりも多少賃金は高くとも、労働の質の点で最終的には日本企業に利をもたらすから、海外生産よりももっと地方の雇用に目を向けるべきなのである。

最近、トヨタ系自動車・部品会社が宮城県を国内第3の生産拠点と位置付け、東北地方での生産を拡大する方向に動き始めている。これは日本経済の再生、ひいては地方経済の活性化に貢献するものとして大いに歓迎したい。

日本ではドイツ車がよく売れている。日本車のドイツへの輸出は、ドイツからの日本への輸出の半分以下である。日本はEUや英国で現地生産しているが、日本で走っている年間販売額70億ドルものドイツの新車は、日本で生産されたものではない。これはドイツが国内雇用を重視しているからにほかならない。

いま日本には、より大胆な対策が必要である。日本企業の海外からのUターンは地方経済の活性化に不可欠だが、加えて外国企業の誘致にも本気で取り組む気概が求められている。米国における地方活性化の成功は、中国企業であれロシア企業であれ、熱心に誘致を積み重ねてきた結果だからである。

7-6　地方創生への新しい処方箋

佐　『秋田魁新報』「時評」2014年5月10日

■生産的と非生産的部門

日本各地でアベノミクスの地方創生に関心が集まっている。先週、この問題に関し、ある県の医師会の依頼で講演を行った。

18世紀ルイ15世の医師で経済学者ケネーが創った経済表が、いまの地方創生に役立つことから話を起こした。ケネーは一国の経済が常に生産的と非生産的な二つの部門が併存している、と指摘した最初の経済学者だ。

彼の時代は農業が生産性の高い部門で、商業や役人、学者、僧侶などサービス部門は生産性が低かった。この農業を重視して（重農主義）、両部門のカネとモノの循環を円滑にすることで経済が発展すると説いた。時代を経るにつれて、生産性の高い部門は農業から工業へ、そしていまはＩＴ産業へと移っている。

ケネー的発想を今の日本にあてはめると、グローバル企業部門と地域産業部門が併存し、前者は高い生産性を誇り、後者の生産性は低い。だがこの2部門間のヒト、モノ、カネの循環を効率的に行うことで経済再生を狙うものである。

自動車、家電などの大企業は日本国内で生まれたが、グローバル企業として世界の至る所で生産・販売を行っている。現地生産方式を駆使して世界各地で大義な利益をあげている。自動車産業は65％以上を海外生産に頼り、国内生産の比重が年々減っている。つまり、生産性は高いが、日本のヒト、モノ、カネを効率的に使っているとは言えない。

一方、生産性の低い地域産業の多くは、地域密着型の労働集約的サービス産業である。ホテル、レストラン、医療介護、農業などへの今後の経済政策はグローバル企業への対策とは本質的に異なるべきである。

戦後日本は、今のグローバル企業が日本国内で生産を行い、輸出に専念して奇跡的経済発展を達成することができた。地域産業もこれら大企業の下請け的役割で経済全体が高生産部門の恩恵を受けていた。つまり、ケネーが観察したように、二つの部門が相互に補い合って経済成長に貢献していたのである。

■大企業とは別の政策を

戦後50年を過ぎたころ、特にバブル崩壊後グローバル企業は国外に目を向け、日本の経済政策もこれを支援する方向に変わっていった。自民党の長期政権、そして最近の民主党政権も、国際競争に勝てるグローバル企業を優先する経済政策を継続してきた。これらの企業の稼ぎが日本経済を潤すのも事実である。

だが、この政策が日本経済全体を浮揚させるわけではない。アベノミクスもようやくこの事実を認識したに違いない。地方創生に目を向けることは、いま日本にとっての最重要課題である。だが、グローバル企業が求める規制緩和や自由な経済競争をサービス産業の多い地方産業に押し付けることは問題だ。地域産業には別の処方箋が必要となる。例えば大企業でなく地方企業への減税、地方居住者への育児手当増加、消費税減額など2本立ての別の政策を思い切って立案することである。

佐　『静岡新聞』「論壇」2014年10月14日

7-7　地方創生は「意識の創生」から

■5つのマイナス要因

第2次安倍改造内閣の成長戦略の目玉である新設ポスト、地方創生相に自民党前幹事長の石破茂氏が就任した。2015年の概算要求でも、地方創生関連の予算が顕著となっているが、カネをばらまけば地方の問題は解決可能と甘く見ては駄目だ。

日本経済、特にグローバル競争において、地方には他の国にはないマイナス要因がある。それらは次の5点だ。

①人口が減っても日本は原則的に移民を受け入れない②日本企業が海外に進出して成功すれば礼賛される③生産性の高い日本企業は海外に出て、国内に残るのは競争力の弱い産業だけ④政治家、官僚、民間人の順位がそのまま経済的恩恵を受ける順番となっている⑤政治家や官僚のいる東京が中心で、東京方面行きは「上り」、東京発で地方に向かうのは「下り」という社会心理は変わっていない。

■マイナスをいかに克服するか

①については、多くの先進国で人口減がないのは移民を受け入れているからだ。米国では、労働コストの低いメキシコなどからの移民を、カリフォルニア州やニューメキシコ州などの地方に受け入れ、米国企業が海外に生産拠点を移さないようにしている。

だが、島国で均質社会の日本が発展途上国から大量の移民を受け入れれば、社会的にマイナス効果が大きくなる。次善の策として、移民ではなく、外国人が来日する観光業の振興に本格的に取り組まなければならない。その場合、外国人旅行者のマナーが多少悪くても容認する覚悟を持つことだ。「郷に入れば郷に従え」のルールが通じないかもしれないからだ。

②に関しては、日本企業が国内に工場を建設しないで海外に拠点を移しても、非難されないのは不思議だ。それどころか、海外で成功すればオリンピックで金メダルを取ったようにもてはやされている。今回の地方創生政策では、このことに一切触れていない。むしろ、地方を捨てて海外に行く経営方針を政府が後押ししている。

オバマ大統領は最近、米国企業が米国を捨てて本拠地を外国に移した企業に対し「企業版の脱走兵だ」と厳しく批判した。これは米ファストフード大手のバーガーキング社がカナダ企業を買収し、カナダに本社を移すと発表した際の反応だ。米国内では今、官民挙げて米企業を国内に引き止め、「バイ・アメリカン（米商品を買おう）運動」が広がっている。

日本の地方創生にも「メイド・イン・地方運動」が必要である。それは単なるB級グルメやお土産購入キャンペーンではない（多分、地方の土産の一部も外国製なのだろう）。中国や発展途上国で製造し、日本が輸入している日用品の多くは、それほどのコストを上乗せしないでも国内の「地方」で作れるはずだ。「地方」にチャンスを与えなければならない。

③では、国の経済成長には国内の生産性の高い部門が低い部門をけん引していくことが必要だ。残念ながら、生産性の高い自動車産業の分野では、その6割以上が海外に出ていってしまった。残るのは生産性の低い部門だけとなりかねない。安倍晋三首相は「日本を取り戻す」と繰り返しているが、取り戻さなければならないのは競争力のある「日本企業」なのである。

④に関して言えば、地方創生予算は政治家や官僚の利益が優先、残りが地方に配分されるというこれまでの仕組みは変わらないのではないか。従来型の公共事業や補助金の看板を塗り替えても、地方衰退を止めることはできない。

⑤については、東京は「お上」のいる所で、ヒトもカネも「中央」から来るとの既成概念が定着している。これは地方の責任ではない。

明治以来の日本人の社会的心理構造は、政治家や中央省庁の官僚によってつくられた「中央の決定がベスト」とする日本型スタンダードに由来している。米国では、ワシントン行きが「上り」、ワシントン発が「下り」ではない。中央と地方は上下関係ではなく、対等である。日本でも、中央が地方に「与えるもの」を地方が「頂く」関係になってはいけない。

明治維新は地方の反骨精神によって実現した。平成の地方創生は、中央と地方が対等で補完的であるとの「意識の創生」から出発しなければならない。

［佐］『秋田魁新報』「時評」2014年9月6日

7-8　日本の国際ランキング

■教育レベル低下に危機感

安倍晋三首相による突然の衆議院の解散で、日本の政界は混乱に陥っている。その直接的原因は小池新党の出現だ。小池百合子氏は「希望の党」の結党の挨拶で、日本には「希望がなくなった」と日本の国際ランキングの低下に言及し、明らかな危機感を表明した。

確かに、２０１０年までの42年間、日本の経済力は米国に次ぐ第2位であった。だが、この一年を境として日本の国力は中国に追い抜かれて、世界3位の地位にとどまっている。それどころか、中国との差は広がりつつある。具体的に言うと、各国の国内総生産（ＧＤＰ）の最新のＩＭＦ推計によると、第1位の米国のＧＤＰ＝19・38兆ドルで、第2位中国＝12・36兆ドルに対し、第3位といっても日本のＧＤＰは、中国の半分にも満たない5・11兆ドルである。

次に小池氏が言及した、日本の教育レベルの国際比較における低下について述べよう。最新の英タイムズ・ハイアー・エデュケーション（ＴＨＥ）による世界の大学ランキングでは英オックスフォード大学が1位に対して、東京大学は46位、京都大学は74位とその順位を大きく下げている（２０１６年の順位では、東大は39位）。

東洋での今年（２０１７年）の大学のランキング見ると、シンガポール大学が22位で世界大学ランキングの中では最も高く、次いで北京大学（27位）、精華大学（30位）である。香港大学（40位）でも東京大学（46位）よりも上位にある。

日本の大学が世界的に順位を下げている理由の一つに「国際化の遅れ」が挙げられる。それは単にTHEが指摘した日本の大学において外国人学生数が少ない、という事実だけによるものではない。グローバル競争の大学は、その研究成果が世界で評価されなければならない。つまり、日本の大学の研究者による業績が、国際学界で評価されていないということだ。日本全体が内向きで、研究者も国内で関心が持たれている課題にのみ興味を抱く傾向がある。

■先進国中最大の財政赤字

小池氏は日本企業ランキングにも触れているが、いまは総体的に、米国と中国の企業が上位を占めている。かつて1990年代にNTTや日本の都市銀行が株式の時価総額でトップの座を占めていたことは過去の語り草となっている。ちなみに現在の時価総額の1位はアップル社である。

スイスの世界経済フォーラムが「世界競争力報告」を発表した。スイス1位、米国2位に対し日本は9位と、昨年（2016年）の8位より下がっている。中でも注意すべきは「マクロ経済環境」が対象国137カ国中で93位という点である。これは、日本が先進国中最大の財政赤字国であるのがその原因である。

今回の選挙の争点の一つに、財政再建の遅れの問題がある。安倍政権は経済再生と財政健全化の両立路線を探ってきたが、補正予算の連発で歳出は膨らむ一方である。アベノミクスを支持してきたメディアでさえも、日本人の将来不安は解消されていない、と指摘している。小池新党の「希望」が果たしてこうした不安を払拭できるのか。

佐 『静岡新聞』「論壇」2017年10月3日

7-9 「日銀総資産GDP超え」の意味

■超金融緩和政策の結果

CNNやブルームバーグなどの国際ニュースメディアは、「日銀の総資産が日本のGDP（国内総生産）を上回った」と大々的に報じた。日本銀行が先週13日に公表した10日時点の総資産は約553兆6千億円に上り、日本の名目GDPの約552兆8千億円を上回った。日銀の総資産が同じ年のGDPを超えるのは戦後初めてである。

これは、黒田東彦総裁の2013年以降の異次元的金融緩和政策の結果である。日銀は「物価上昇率2％」の目標に向けて、市場から国債や上場投資信託（ETF）などを買い入れることで、市場に流通する「カネの量」を増やしてきた。2012年度末の総資産は約164兆円であったから、この5年余りで約3・4倍にまで膨れあがったことになる。

しかしながら、これほどの超金融緩和政策にもかかわらず物価上昇率は1％をも下回り、2％の目標を達成していない。ちなみに、米国や欧州もリーマン・ショック後に金融緩和政策を取ったが、米連邦準備制度理事会（FRB）は、2014年に国債買い入れを減速させ、その後は、金利を引き上げて正常化政策にシフトしている。また欧州中央銀行（ＥＣＢ）も年内に緩和策を終了することを決めている。ＦＲＢが保有する総資産は米国のＧＤＰの約20％にすぎない。またＥＣＢの総資産もユーロ圏のＧＤＰの約40％にとどまっている。日銀の総資産がＧＤＰを超えた日本とは比較にならない。

黒田総裁は、物価上昇率を２％まで上げる目標が達成されるまで、緩和策を続けるとの方針を示している。だがいまの日本の状態は、すでに正常の域を超えている。まず、日本の財政赤字額（借金）は、先進国の中で唯一、ＧＤＰを上回る状態にある。その赤字財政のもととなっている国債を日銀が買い入れることで、政府支出を日銀が直接引き受ける戦時中の財政ファイナンスと同じような効果をもっている。しかもこの日銀買い入れの総資産がＧＤＰを超えてしまったのである。

■正常化への出口戦略を

金融緩和は、確かに日本経済にプラスに働いた面はある。第一に市場のデフレ心理を払拭する役割を果たした。日銀が市場から国債や上場投資信託などを買い入れることによって市場に「カネ余り」が生じ、株式投資や設備投資が盛んになった。同時に「カネ余り」は為替市場で円安を招き、日本からの輸出に有利に働いた。また円安は、日本のグローバル企業の収益増にもつながった。２年先の東京五輪に向けて日本経済は失われた20年の長期停滞から脱却したかのように見える。

第二に、金融緩和は、金利の低下につながった。銀行などの預金金利の低下は、一般の預金者には不利に働いたが、財政赤字の借金を抱える国家にとっては、利払い額減少という意味で歓迎されている。だが民間銀行が日銀に預ける当座預金の一部に「マイナス金利」を課す政策は行き過ぎであろう。超低金利政策は、特に地方銀行の体力を弱めている。

結論的に言えば、日銀はこの機会に物価２％上昇率の看板を下ろし、金融正常化への出口戦略に取り組んでもらいたい。

佐　『静岡新聞』「論壇」２０１８年11月20日

7-10　日銀の含み益最高は「異常」

■公共機関が巨利得る矛盾

日本銀行が先週発表した２０２０年度の決算によると、総資産が過去最高となり、保有する上場投資信託（ＥＴＦ）の含み益は最高額を記録した。一言でいえば「日銀は、日本企業の最大株式保有者で、最ももうかっている機関の一つ」ということだ。

これは、日本経済の異常さを示す事態である。そもそも日銀は、われわれ一般人を取引相手とする金融機関ではなく、市中銀行やその他の金融機関を相手とする、日本で唯一の金融機関で、中央銀行と呼ばれる「銀行の銀行」なのだ。日本政府の財政政策を司る財務省と金融政策を司る日銀は、日本経済の運営に携わる二大公共機関である。その公共機関たる日銀が、国債の売買（公開市場操作）や金利を設定する仕事に加えて、ＥＴＦの形で株式の売買を続けて巨額の利益を得ることは、正常な経済状況の下ではあり得ない事態なのだ。

そもそも、この異常事態の発端は、2013年4月に黒田総裁が発表した「異次元」の金融緩和政策にある。日本経済をデフレから脱却させるには、市場にカネをバラまき、金利を低く抑えることが必要だ、として日銀は国債を買い上げ、金利をゼロかマイナス水準にまで引き下げる政策を続けた。日銀は、同時に株式市場に直接参加し、「午前中に株価が下がれば、午後には日銀が株を買い支える」と予測されるほど活発に動いている。国債と一般金融機関の預金金利がゼロ水準に設定され、地方銀行の多くが破綻寸前に追い込まれる中で、利潤追求を目的としない日銀が巨利を得ている矛盾現象が起きている。

黒田総裁の異次元の金融緩和政策の目的は、「日本経済をデフレから2%のインフレ状態に変えるため」で、総裁はこれを2年以内に達成する、と宣言した。だが第2次安倍政権の7年8カ月の間でも実現しなかった。まして現在はコロナ禍で物価水準は下落している。

■日本人は「買い控え」傾向

そもそも「2%のインフレ目標」の考え方は、経済学の価格の「期待形成理論」に基づく。簡単に言えば、「消費者は将来インフレになると予測すればモノを買う」というものだ。米国人などの行動パターンはこれに当てはまる。つまりインフレ目標を設定すれば、現実にインフレが起きるのである。だが、日本人の場合は、黒田総裁が「2%のインフレになる」と宣言しても、モノを買い始めることはせず、むしろ将来に備えて節約志向になり「買い控えをする」傾向がある。つまり欧米的理論は日本人の経済行動に当てはまらない。

加えて、モノの価格は需要と供給のアンバランスによって変動するので、日本でインフレが起きないのは、国全体の「総供給は総需要より大きい」からである。しかも総供給は日本国内の供給だけではなく、中国や諸外国からのグローバル供給を含んでいる。だが、米国の総供給が日本以上にグローバル供給に依存しているが、インフレになりやすい。つまりグローバル供給の大小とインフレは直接的関係がない。

ともあれ、コロナ禍が収束した後には、日銀の異常な金融緩和と財務省の常態化した赤字国債発行などは、伝統的な政策に戻すべき時期が来るのである。

佐『静岡新聞』「論壇」2021年5月31日

7-11　農水産物輸出増と訪日旅行者

■和食が世界各地でブーム

人口減少、少子化そして大都会一極集中に悩む日本経済にほのかな光がさしてきた。それは、日本の農林水産物・食品の輸出額が昨年約1兆円近く（正確には9068億円）に達したことと、また、インバウンド（外国人の訪日）旅行者数が昨年3千万人を超えたことである。

この二つは密接に関わり合っているが、まず農水産物輸出の大幅な伸びについて述べよう。農林水産省が先週発表した2018年の農林水産物・食品の輸出額が前年比12・4％増となり、6年連続で過去最高を更新した。品目別では、和牛、日本酒、サバ、リンゴ、鶏卵などが大幅に増えた。国、地域別では、香港、中国そして米国が輸出の上位を占めるが、サバはアフリカで人気となっている。

日本の農水産物輸出が好調になった理由の一つに、和食が世界無形文化遺産に指定されて以来、各地で和食ブームが続いていることが挙げられる。海外の日本食レストランの数も急増し、いまや、10万軒以上の推計がある。

日本からの農水産物輸出が増加している背景のもう一つの理由は、前述のインバウンド旅行者の急増である。簡単に言えば、訪日外国人が日本で味わった日本食を、再び本国に帰って楽しみたいという、本源的需要の増加がある。例えば、一度和牛の味を経験した旅行者は、自国の牛肉では満足しない、という話をよく聞く。このように、インバウンド旅行者増加と、日本の農水産物の輸出増には密接な関係がある。

日本経済の問題点は、農業中心の比較的低い生産性を持つ地方と、大都会との格差である。大企業がグローバル化のメリットを求めて国外に生産・販売拠点を移したことで、地方には農水産物セクターがとり残される結果になっている。加えて、少子化と大都会への人の移動が追い打ちをかけている。ここで、地方の農産物セクターを活性化させる地元の産物に、外国からの需要が起きれば、最も望ましい地方活性化につながる。

■一極集中から地方分散へ

これに加えて、少子化を救う人口減対策は、外国人の働き手の他に、インバウンド旅行者が常にそれらの地域を訪れる流れをつくることである。幸いにも、静岡県は、富士山をはじめとする旅行者に魅力的なスポットの他にお茶やミカンなどの生産物が多いので、日本人の旅行者以上にインバウンド旅行者を熱意をもって誘致する必要がある。なぜならば、彼らは間接的に地元の農水産物をPRして輸出につなげる大切な橋渡しとなるからだ。

また、日本人旅行者とは違った慣習を受け入れる寛容さも時には必要となるかもしれない。外国人の働き手が常住する必要性はあるにせよ、旅行者の行動が少子化を補う政策としては、政治・社会・文化などの観点からすれば、はるかに問題が少ない。

もっとも、インバウンド旅行者が大都会に集中しがちな現状を、地方分散型に変えて、農水産物輸出増への好循環をつくるのは簡単ではない。ここで政府の重点的な政策が必要である。

佐 『静岡新聞』「論壇」2019年2月11日

7-12　英EU離脱と日本企業の回帰

■予想外の「プラス効果」

英国の欧州連合（EU）からの離脱（略称、ブレグジット）問題は、日本経済に予測外のプラス効果を与えることになるだろう。日産やホンダが、イギリスで行っている自動車生産の一部をUターンさせて日本に戻すことを決めたからである。

日産自動車は、英国中部のサンダーランド工場で予定していたスポーツ用多目的車（SUV）「エクストレイル」の次期モデルの生産を中止することを決めた。そして、その生産を日産自動車九州（福岡県苅田町）に移す、と発表した。

また、ホンダは、英国南部のスウィンドン工場での四輪生産を2021年中に終了すると発表した。ホンダは現在この工場で「シビック」シリーズなどを年間約16万台生産している。日本経済のバブル崩壊時の1992年から、乗用車の生産を開始し、現在EU内で同社唯一の四輪車工場で、従業員数は約3500人である。英メディアは、「ホンダはシビックなどの生産を日本に移す見込みだ」と報じている。

トヨタ自動車も、ブレグジット問題に揺れる英国において、合意なき離脱の場合は生産の中止もやむを得ない、とし、その後の対応を検討中としている。他の日本企業も、パナソニックやソニーが、機能の一部を英国外に移すなど、ブレグジット問題の対応に追われている。

ブレグジットは、世界の金融の中心であるロンドンからの外資系金融機関の脱出の原因となっている。日本の三菱系はパリ、アムステルダムへ、欧米の金融機関はこれらの両都市に加えて、フランクフルト、ミラノ、マドリードなどに拠点を移している。アジアでは、シンガポールへの移動が主であり、残念ながら、東京はその移転先に選ばれてはいない。

日本経済がバブル崩壊後の「失われた20年」で苦しんだ主要な原因の一つは、生産性の高い自動車産業などのモノ作り企業の多くが、外国に拠点を移したことにある。この時期は、世界経済のグローバル化時代と重なり、日本企業は、米国、欧州、中国などに多額の投資を行った。これが日本の国内経済を弱め、長期間の経済の停滞を招く一つの原因となった。

■モノ作りで生産性向上

米国においては、90年代は日本車による貿易摩擦が頂点に達した時期で、日本のメーカーはこぞって米国に生産拠点を移した。いま問題となっているホンダ「シビック」は70年代に世界で最も厳しい排出ガス規制の「マスキー法」を世界で初めてクリアし、若者に絶大なる人気のあるヒット商品である。

私事で恐縮だが、米国で小学生だった息子が、シビックは日本車だ、と言ったところ、同級生たちはアメリカの車だとして口論になったこともあった。

ともあれ、日本の自動車メーカーにグローバル生産を中止して日本に戻れ、と求めるのは、トランプ式の自国第一主義と叱られるかもしれない。だが、サービス産業などの低生産性産業が多く残る日本経済にとって、なるべく多くのモノ作り産業がUターンすることは大いに歓迎したい。

佐

『静岡新聞』「論壇」2019年2月26日

7-13 デジタル産業と日本の失敗

■米中が時価総額上位独占

「反省をこめて言えば、日本企業は平成時代に手痛い敗北を喫した。…米国と中国のデジタル系企業が上位を占有し日本の存在感はゼロである」（経済同友会代表幹事小林喜光、日経3月9日付）。たしかに1989年の世界の株価時価総額上位10位には、日本企業は1位のNTTと都市銀行5行、そして9

位に東京電力が入っていた。米国企業は2社のみであった。それが2018年には、1位マイクロソフトを筆頭に、米企業がデジタル企業を含む8社とファーウェイなどの中国企業2社によって占められている。日本企業は完全に消えてしまった（前掲日経3月9日付）。

米国と中国との貿易摩擦と覇権争いは、次世代の高速通信規格（5G）戦略の分野で展開されている。約30年前の世界における日本のコンピューター関連企業（例えばNECや富士通）の世界的な地位と名声を考えれば、いまの日本企業の凋落は信じがたい。コンピューターが、通信を支配する時代（C&C＝コンピューター・アンド・コミュニケーション）を予言したNECの小林宏治氏がいまおられたら、日本の現状をどう嘆かれるだろう。

まず、最近のメーカー別スマートフォン出荷台数世界ランキングを見ると、1位＝サムスン（韓国）、2位＝ファーウェイ（中国）、3位＝アップル（米国）、4位＝シャオミ（中国）、5位＝オッポ（中国）で、日本は完全にグローバルのスマホ産業から姿を消している。正確な統計はないが、日本企業の役割は、これら主要企業の部品を供給している、いわば下請け業となってしまった。

その理由は何か。一言でいえば、C&Cが叫ばれていた当時の成功にあぐらをかいていたことが第一点。第二点としては、グローバル化に対応できなかったこと、である。つまり、日本が敗北した原因は、携帯電話のガラパゴス化である。ガラパゴス諸島の動物のように、技術やサービスが日本市場で独自の進化を遂げ、世界標準から懸け離れてしまったからである。

■「後発の優位性」市場獲得

かつて日本製品は、世界一といっても過言ではなかった。だが、世界市場では相手にされなかった。それは、当時の官庁と主要通信会社が海外通信大手の日本進出を阻止するために、世界標準グローバル・スタンダードに背を向けた独自規格を押し通したからである。日本の携帯は日本市場でしか売れない固有種、つまりガラ携と化したのである。そこに、全く新しい発想のスマートフォンがアップル社によって発売され、いまでは米、韓、中国による市場の占有を許している。

「技術の経済学」では「後発（企業）の優位性の戦略」が、市場の獲得につながるケースが指摘されている。いま米国と5Gの分野で覇権争いをしている中国は、まさにこの戦略を駆使して急成長を遂げた。約20年前に訪中した際、中国の固定電話の設備は後進国なみであったが、日本人が驚くほどの携帯の普及率であった。中国は通信で遅れていたが故に、後発の市場の優位性を利用していまや世界一をうかがっているのである。

佐

『静岡新聞』「論壇」2019年3月12日

7-14　平成時代の失敗から学ぶもの

■デジタル革命に取り残された日本

新元号「令和」が決まった。本稿は平成最後の「時評」である。本欄の1月7日付拙稿「平成とポスト平成時代」に続いて、平成時代の日本経済について、特にその低迷と失敗を論じてみよう。それが来たるべき令和時代の発展と成功への教訓となることを願うからだ。

何といっても、日本にとっての平成時代の誇りは、「平和を維持することができた」点である。にもかかわらず、世界経済における日本の地位は低下した。この30年間に、日本の実質国内総生産（ＧＤＰ）は1・6倍成長したのみであったことに対して、米国は3・4倍、中国は何と26・1倍の成長を記録した。その結果、日本のＧＤＰは米国に次ぐ2位の座から、中国に追い越されて3位に落ちた。

さらに、生活水準の指標である一人当たりのＧＤＰで見ると、２０００年には世界第2位であったが、10年には18位に後退し、17年には25位となって、アジアでもシンガポールや香港以下に転落した。

そこにはいくつかの理由があるが、平成時代の日本の最盛期は、株価と不動産価格の高騰によるバブル経済によって支えられていたのが実態である。バブルがはじけると、日本経済を支えていた自動車などのモノづくりの基幹産業が日本を離れて、国外に収益力を求める動きが顕著になった。一方、世界経済をけん引する新産業はデジタル革命によって飛躍的な発展を遂げた。

日本はこのデジタル革命に後れを取り、平成時代の停滞と失敗を経験することになったのである。「反省をこめて言えば、日本企業は平成時代に手痛い敗北を喫した。（中略）米国と中国のデジタル系企業が上位を占有し、日本の存在感はゼロである」（経済同友会代表幹事・小林喜光、日本経済新聞3月9日付）。

確かに30年前の世界株価時価総額は日本企業のＮＴＴが1位で、上位10社にはほかに都市銀行が5行と東京電力が入っていた。米国企業は2社のみであった。それが18年には、1位マイクロソフトを含む米企業8社、中国企業2社によって占められ、日本企業は完全に消えてしまった。約30年前の日本のコンピューター関連企業（例えばNECや富士通）の世界的地位を考えれば、日本企業の凋落は信じ難い。

■後発の優位性を生かせ

NECの小林宏治氏（故人）は、コンピューターが通信を支配する時代（C&C＝コンピューター・アンド・コミュニケーション）を予言していた。残念ながら、日本はこの流れに積極的に参加することができなかった。最近のメーカー別スマートフォン出荷台数世界ランキング1位はサムスン（韓国）、2位ファーウェイ（中国）、3位アップル（米国）、4位オッポ（中国）で、日本はグローバル・スマホ産業から姿を消してしまった。現在、日本企業の役割は、前掲のグローバル企業の下請けになり下がったのである。

その理由は何か。第一に、日本の携帯電話のガラパゴス化が挙げられる。ガラパゴス諸島の動物のように、技術やサービスが日本市場で独自の進化を遂げ、世界標準から懸け離れてしまったからである。日本製品は世界一と言われて大成功したが、世界市場では相手にされなかった。日本の主要通信会社が当時の官庁と共に、海外企業の日本進出を阻止するため、グローバル・スタンダードに背を向けて、日本独自の規格を押し通した。日本の携帯は日本でしか売れない固有種、つまりガラケーと化したのである。そこに、全く異なった発想を持つスマホが出現し、日本は決定的に、デジタル革命から取り残されることとなった。日本における成功がグローバル化の失敗につながった。

これと関連して、約20年前の中国訪問時の経験を記しておこう。当時の中国社会のインフラは、ほとんど全ての点で遅れていた。だが、驚いたことに、携帯電話の普及率は日本や米国では想像できないほど高かった。その理由は、遅れていた電話局や配線を要する固定電話には投資をせずにいきなり携帯電話に資源を集中させたからである。中国は経済学で教える「後発の優位性の戦略」を用いて、デジタル国家になろうとしている。これこそ逆転の発想である。令和時代の日本の再生には、まさにこの発想の転換が求められる。

佐　『秋田魁新報』「時評」２０１９年４月11日

7-15　米国で論争となった日本の赤字

■平成30年間に４・４倍累増

今日は平成最後の日である。経済の主要指数である日本の実質国内総生産（ＧＤＰ）、株価、そして財政収支（赤字）が平成30年間にいかに変化したかを見ることで国民生活の変動が明白となる。

まず、日本の株価は極端な動きをした。昭和時代の高度成長を反映して、平成元（１９８９）年の初めには、日経平均で３万６００円台をつけていた。それがその年の12月29日には、３万８９１５円の市場最高値を記録した。日本経済は、土地や不動産のバブル景気を謳歌していた。ちなみに皇居の不動産価格はカナダ一国の価格と等しい、とも言われた。米国の未来学者ハーマン・カーン氏は、21世紀は日本の世紀、と宣言して、日本人は有頂天になったものだ。

その後バブルが崩壊して景気低迷期に突入し、失われた20年を経て平成20（２００８）年の、リーマンショック後の株価は、最安値６９９４円を記録した。そして、先週金曜日平成最後の株価は、２万２２５８円となった。平成元年の株価と比べて、30年後の現在は7割に減少したことになる。一方で米国の株価ダウ平均はこの30年間に約15倍上昇し、米国が、「ナンバー・ワン」を維持する原動力となっている。

日本のＧＤＰはこの間に１・６倍成長したが、米国の３・４倍、中国の26・１倍と比べると、見劣りがする。だが、平成時代の日本経済が持つ最大の弱点は、政府債務（国と地方の借金）の異常なまでの膨張である。平成元年3月末には、約２５０兆円であった債務が、現在は約１１００兆円にまで累増する結果となった。平成時代に約４・４倍になったことになる。日本の名目ＧＤＰは平成元年の４１２兆円から現在の５４９兆円へと増えたが、国の借金はＧＤＰより3倍以上の速度で増え続けていることになる。アベノミクスもこの危機的な財政状態を改善できなかった。

■誇れぬ「打ち出の小槌」

さて、テーマを変えて、来年行われる米国大統領選との関連で、現在話題になっている米国の巷間の経済理論に触れよう。日本が苦しんでいる前述の赤字財政を、あたかも良きモデルとするかのごとき議論が米国に出て来たのである。

大学の無償化、格差是正、国民皆保険などの手厚い公的支出を掲げる米民主党左派（サンダースほか）の理想的支柱とされる現代貨幣理論（ＭＭＴ）は、Ｓ・ケルトン教授などによって提唱されている。

一言でいえば、貨幣を自由に発行し、巨額の財政出動をしても国は破綻しない、との主張であり、現代版の「打ち出の小槌」である。黒田日銀総裁の異次元の金融緩和と日本の赤字財政政策の正当性を保証しているように聞こえる。

ケルトン教授は米国のエリート大学の出身ではなく、クルーグマン教授（ノーベル賞）や伝統的経済学者たちは、「日本は巨額の借金を抱え、低成長経済で米国の手本とはならない」と反論している。トランプ時代の米国はいま一つの節目を迎えている。ＭＭＴはレーガン時代に出現した「ラッファー理論」のようなものである。ＭＭＴに引用されても日本の財政赤字は決して誇るべきものではない。

佐　『静岡新聞』「論壇」２０１９年４月30日

7-16　「簡素化」に逆行する消費増税

■複雑化する税制度

消費税率10％への引き上げまであと約３週間となった。今回はこの引き上げに合わせて、軽減税率が導入される。さらに、その４年後には、適格請求書保存方式、いわゆるインボイス方式が導入されるので、企業や消費者に大きな影響を与える。

10％の消費増税に伴い、消費者への増税の負担を軽減する対策として、ポイント還元制度が導入される。メディアの報道からは10％の増税なのか、またはポイント還元による減税なのか、判然としない。

まず、租税3原則「公正・中立・簡素」のバランスから考えてみよう。消費税率10％への増税と同時に、食料品などへの消費税は8％に据え置かれる。このような軽減税率の導入は、「簡素」の原則に反する。しかも、日本で初めての試みであり、事態をさらに複雑にするだろう。

筆者の立場は、食料品への軽減税率には賛成だが、今回のような食料品の定義を複雑にするやり方には反対である。軽減税率8％で購入できる対象品目は、飲食料品と定期購読の新聞などである。だが、「酒類」「外食」「ケータリング、出張料理」などは、軽減税率8％の対象とはならない。

こうした定義からは、牛丼、ハンバーガーなどを店内で飲食した場合には消費税が10％かかる。だが牛丼やハンバーガーのテークアウトには軽減税率の8％が適用される。コンビニの弁当は8％だが、それをコンビニ内のイートインコーナーで飲食すると10％の税がかかる複雑怪奇な制度である。

10月1日の消費増税に合わせての、ポイント制度の導入は、さらに「簡素」の原則から懸け離れたもので、税制度を複雑化している。クレジットカードなどのキャッシュレス決済を利用した消費者に対し、購入額の5％、あるいは2％をポイントやキャッシュバックで還元する施策が打ち出されている。ポイント還元対象は、クレジットカード、電子マネー、コード決済（ＱＲコード決済、バーコード決済など）であるが、最終的に消費者に税金の軽減となって返ってくるためには、複雑な経路をたどることになる。

ちなみに、米国には欧州や日本のような消費税の制度はない。消費税は各州の地方税であるから「簡素」の原則が貫かれている。全ての商品に消費税をかけていない州もあるが、「衣料品だけが免除」されている州もある。「酒類には消費税なし」の州や「食料品は全て消費税対象外」の看板を州に入るハイウェーの入り口に掲げている州もある。

無税で酒や衣料を買うために、日曜日には車で遠出をして、そういった州を選んで買い物に出掛ける家族も多い。例えば、ニューハンプシャー州では酒類は無税なので、隣のマサチューセッツ州からのハイウェーの入り口にある酒店の駐車場はボストンからの車で大混雑である。

■消費税の使いみち

さて、消費増税による税収入は、どのような形で使われるのだろうか。今回の10%引き上げによって、5・6兆円の増収が見込まれる。そのうち、1・7兆円を教育や子育てに回す、とされている。ポイント還元やその他の軽減税率によって、相当多くの費用がかかるので、本来の目的であった財政再建のための増税効果はあまり大きくない。

一方で、日本の財政規模は膨脹し続けている。来年度予算の概算要求は6年連続で100兆円を超えて105兆円に迫り、過去最大となった。年金や医療などの社会保障費が高齢化によって増え、防衛省の概算要求は過去最大の5・3兆円だ。その中には、トランプ米大統領の要求で、日本に緊急でない項目も含まれている。例えば、いま問題となっている地上配備型迎撃システム「イージス・アショア」は、日本に必要なのであろうか。

10%の消費税は、元はといえば、国の赤字財政を減少させる目的で企画されたものである。だが、財政支出の増加で赤字が拡大している現状から見れば、再び消費増税が危惧される。

佐

『秋田魁新報』「時評」2019年9月6日

第8章 日本のコロナ禍対策の失敗

8-1 新型肺炎の経済的影響

■サーズ発生の頃よりも…

1月31日の米株式市場でダウ平均は、603ドル以上の下落を示した。昨年（2019年）8月以来、半年ぶりの値下がり幅である。新型コロナウイルスによる肺炎（新型肺炎）の感染拡大で、世界景気の先行き不透明感が強まり、企業の業績が下方修正されるとの危惧が市場を支配した。今後、新型肺炎問題は、中国経済や世界経済全般、とりわけ日本経済にいかなる影響を与えるのであろうか。

今回の新型肺炎は、2002年から03年に発症した重症急性呼吸器症候群（SARS＝サーズ）と比較されている。ともに、中国で発生した動物起源の人獣共通感染症と考えられている。サーズは当時世界30カ国で、8422人が感染し、916人が死亡（致命率11％）との文献がある。今回の新型肺炎の患者は、すでにサーズの患者数よりも多く、2月1日の時点で、1万1千人を突破している。だが、死者は259人で致命率は2％であるから、サーズの致命率よりも格段に低い。

今回の新型肺炎とサーズとの医学的な問題や比較については、その分野の専門家に委ねるとして、本欄では、経済的影響について論じるとしよう。まず、現在の中国経済は、サーズ発生時の02年と比較すると、世界経済に対する影響力は格段に大きい。当時の中国経済のＧＤＰは、世界経済の４％にすぎなかったが、現在は米国に次ぐ大国で16％を占めている。ＧＤＰ第2位の中国が発生源となった新型肺炎は、サーズとは比較にならない。

サーズの日本に対する影響は、名目ＧＤＰで約５４００億円の損失だったとされているが、今回も同額程度のマイナスを予想する専門家がいる。中国からの日本への旅行者は、サーズの頃は44万人であったのに対し、昨年は９５９万人と比較にならないほど、その人数は増えている。新型肺炎が長引けば、日本の観光業は確実に大打撃を受けることになる。

■日本にとって最悪の時期

加えて、日本の自動車メーカーなどを含む主要企業は、中国での現地生産を行い、販売網を広げている。新型肺炎が発生した武漢においては、例えば、ユニクロが１００店舗、無印良品が10店舗を閉め、イオンなども現在営業を停止している。その他、中国経済全般のサプライチェーンの分野でも、中国は大きなダメージを被ると予想される。それが日本企業の業績にマイナスのリスクになることは確かである。

新型肺炎がいつ収束するか、専門家でも現時点では見通しがつかないようだが、日本経済にとって、これが最悪の時期に発生したことだけは確実である。日本経済はいま景気の下振れに直面し、企業の業績の下方修正が報告されている。また、昨年10月の消費増税によって、消費が低迷する中で、新型肺炎は消費者の心理をさらに冷え込ませることだろう。この問題は、来るべき春闘にも悪影響を及ぼし、賃上げの期待に水を差すことになるかもしれない。

冒頭の株価下落は、米国の投資家の心理の表れであるが、そのマイナス心理が米国をはじめとする世界の主要国、中国、日本、ＥＵなどの実物経済に波及するか否かを注視して対応する必要がある。

佐

『静岡新聞』「論壇」２０２０年2月4日

8-2　見えないウイルスへの恐怖心

■グローバル経済に衝撃

世界的危機は多くの場合、目に見えないものへの恐怖心から起きる。２００８年のリーマンショックは、前の年のサブプライム・ローン問題で、欧米金融機関の破綻リスクが、投資家心理に耐え難き恐怖感を与えたことが発端となった。

いま、世界を恐怖のどん底に陥れている新型コロナウイルスによる感染症の拡大は、グローバル経済に計り知れない衝撃を与えている（これをコロナショックと呼ぼう）。

この二つのショックに共通しているのは、共に一般の人の目には見えない「モノ」の動きに影響を受けている点である。つまり、この見えない「モノ」が見えない「人間の心」に大きな衝撃を与え、不安と恐怖心を引き起こしている。ちなみに、戦争などによる混乱は、現代ではメディアの生々しい映像などを通して見るので、前述のような見えないモノによるショックからの混乱とは区別されるべきであろう。

リーマンショックにおける見えないモノの動きとは「カネの流れ」であった。金融の取引は最終的には帳簿や台帳に記録されるが、次の瞬間、その記録されたカネがどの方向に異常な流れとなるかは、その道の専門家ですら予想できない。まして一般市民にとってはカネの動き自体が、見ることも触ることもできない。こうしてショック現象が発生するのである。

今回のコロナショックは毎日のようにテレビ画面に出てくるウイルスの映像が、一般の人々に恐怖感を与えることで発生している。この目には見えないウイルスに感染すると、正常な細胞がダメージを受け、瞬時にウイルスが何百倍に増殖してゆくと、報じられている。

ただ、一般人が知り得るのは、記録として残る、X月X日現在の感染者と死亡者の数である。これはリーマンショック時の大銀行や大企業を含む数々の破綻企業とそこで失業した人々の苦しみの映像と重ね合わされる。

■訪日客減、供給中断も

コロナショックによる株価の下落は、リーマンショック時と同じように市場に恐怖感を与えている。日経平均株価は先週1週間で、2千円超下落し、米国のダウ平均は1割以上の下落となった。今後、このショックは世界経済、とりわけ日本経済に対して、以下の側面で大きな悪影響を及ぼすであろう。

第一に、人の流れが縮小する。不要不急の外出が控えられ、レジャー産業や季節の行事が大幅にカットされるだろう。仮に、オリンピックにまで影響するとなれば、日本経済へのダメージは深刻である。

第二に、外国からの観光客、特に中国人観光客の減少は必至で、観光業や商業施設などに大きな痛手となるだろう。そして第三の問題は、モノの供給面である。中国を中心とするサプライチェーンの中断によって、生産活動にボトルネックが起きる。

第四に、コロナショックは、昨年の増税によって景気後退に入った日本経済の最悪の時期に発生した。

しかしながら、これらのマイナス要因にもかかわらず、行動経済学的楽観主義の「雲の裏側には希望の光あり」の心意気で、この難関を乗り切る以外に術はない。

佐

『静岡新聞』「論壇」2020年3月3日

8-3　コロナと見えない不確実性

■両ショックの三つの差異

3日付の本欄「見えないウイルスへの恐怖心」に対して、多くの方々からコメントを頂いた。この論壇ではコロナショックとリーマンショックとの共通性を強調したが、これら二つのショックは本質的に異なったリスクや不確実性を持っている。

本稿では、この異なった側面を強調することによって、われわれの日常生活のあり方や、経済政策について言及したい。

両ショックの間には、次の三つの点で差異がある。第一に、コロナショックは全人口が加害者であり被害者でもある。一方、リーマンショックでは、加害者は直接金融に携わっている一部の人たちであり、一般市民は被害者であった。第二の点は、両ショックから生じるリスクや不確実性は本質的に異なっている。そして第三に、経済対策も自ずから、それぞれのショックに適したものでなければならない。

第一の点で、コロナショックにおいては、全人口のうち、誰がコロナウイルスを持っているかは、外見からは判別できない。しかも、そこには最大のリスクである人の生死が関わっている。人類は群れをつくって進化してきた動物であるが、他人との接触で被害者あるいは加害者になりかねない。つまり人類の進化に、一時的にせよ、反する行動をとることが求められているのである。リーマンショックの場合、サブプライムローンに関係して、加害者または被害者になった人に対して排他的行動などは起こらなかった。

第二の点の、リスクと不確実性に関して述べると、リーマンショックの場合は人々は、「予想・想定内の不確実性」に対処しなければならなかったが、コロナショックの場合には、人々は「フランク・ナイトの不確実性」に遭遇しているのである。「予想・想定内の不確実性」とは、例えば、サイコロを振ると、出る面は予想できなくても1から6のいずれかが出ることはわかっている。つまり、確率分布が全ての人に認識されている。これをリーマンショックに当てはめると、その終末は正確な予想ではなくても、最終的な可能性の道筋は予測可能であった。

■終わりを待っては手遅れ

「フランク・ナイトの不確実性」とは、シカゴ大学のフランク・ナイト教授が提唱したものである。

ここでは前述のような確率分布そのものが不明である。サイコロ、じゃんけん、コインの裏表、そして正規分布のような確率分布が全く予想のつかない不確実性なのである。コロナショックは、「神の見えざる手」をまひさせる。まさに化け物が支配する世界となる。「如何なるパンデミックにも終わりはある」を待っていては手遅れになる。

第三の経済対策については、リーマンショックレベルと比較すべきではない。コロナショックは全国民が被害者なのであるから、株価対策、企業支援などの企業中心の経済対策に加え、国民の全てに一律に金銭的な援助を与える政策を即刻行うべきである。例えば4月から収束するまで毎月一人3万円を支給する。富裕層や一定以上の所得を得ている人は、年末調整で政府に返金する。今こそ、リーマンショック時とは異なった経済政策が求められるのである。

佐 『静岡新聞』「論壇」2020年3月31日

8-4 マイナス経済予測と日本人

■大恐慌以来最悪の成長率

国際通貨基金（IMF）は、4月15日に定例の世界経済見通しを発表した。冒頭で「この3カ月で、世界は劇的に変わった」と述べている。

前回3カ月前の今年1月発表の見通しでは、2020年の世界経済は、3・3%とプラスの成長を見込んでいた。今回は一転して、マイナス3・0％成長に劇的修正を行ったのである。1月公表の見通しからマイナス6・3％と極めて大きな下方修正をした。

中でも、先進国はマイナス6・1％に落ち込み、米国はマイナス5・9％、日本はマイナス5・2％と、ともに3カ月前には予想もしなかった数字である。これらの数字は、リーマンショック時よりも悪く、1929年の世界大恐慌以来の悪化である。リーマンショック時の先進国経済の成長率は、マイナス0・1％（2009年）であった。世界大恐慌時には、マイナス16％であったから、今回の経済危機はそれに次ぐ深刻なものである。世界中で企業の破綻や失業が増える予想である。

IMFはこの見通しを、新型コロナパンデミックが、今年の前半にピークを迎え、後半に収束することを前提としているが、もしその予想がはずれ、収束時期が来年にズレ込んだ場合には、2021年においてもマイナス成長が続くだろう、としている。

現時点では、医療専門家や経済予測分野の人たちの誰もが、このパンデミックの収束を正確に予測することはできない。一つには新型コロナに対する有効なワクチンの開発が、いつ一般に使用できる段階に達するのか、が問題である。

もう一つは、ワクチンの開発が遅れたとしても、今回のパンデミックで多くの人々が直接的あるいは間接的に抗体を得て第2波が起きない、という可能性も考えられる。われわれ一般人ができることは、政府が求めているように、「3密」の状態をつくらないことである。

■コロナ禍克服なら「美質」

パンデミックのマクロ的現象は、ＩＭＦが予測した通りであろうが、ここで一、二のミクロ的現象について言及してみよう。地方都市で卸売業に携わっている友人からの連絡によると、コロナ禍の影響で、マスクと消毒液、それに家の中で家族が食べるポテトチップス的食品が、普段より高い値で大量に売れているので、店全体の売り上げは伸びている、とのことである。しかし彼は、コロナ禍が収束すればこうした商品は供給過剰で価格は暴落することも、知っているようだった。

もう一つのコロナ禍に関連することで、日本人は欧米人と比べて、法律や規制を順守する傾向があると見られている。恐らく先進国中、ロックダウンの強制なしで事態に対処しているのは日本だけではないか。しかし、真夜中に車の交通がゼロでも、信号が青になるまで道を渡らない日本人気質は、自粛を命じられても、一部のパチンコ店には通用しないらしい。

日本政府のコロナ対策が、外国から見て「ツーリトル・ツーレイト」の批判があるが、ロックダウンなしでコロナ禍を克服すれば、これもまた、日本人の美質として評価されよう。だが「逆もまた真なり」の可能性もある。

佐

『静岡新聞』「論壇」２０２０年４月28日

8-5　ケインズ主義とコロナ対策

■財政支出増乱用

新型コロナウイルスの猛威で、世界経済が大ピンチに陥っている。1929年の世界大恐慌時に匹敵する雇用危機に突入しつつある。

国の経済の大きさは、一般家庭と企業や政府がモノやサービスに支出するカネの総額（有効需要と呼ぶ）の規模によって決まる。世界大恐慌の折には、企業経営の失敗によってバブルがはじけ、企業と一般家庭の支出が激減し、経済が破綻した。一方今回はコロナ禍によるロックダウン（都市封鎖）や自粛により、企業と一般家庭の支出が激減した。これにより、社会が有効需要の急激な減少の事態に直面したのだ。

大恐慌時の1936年に英国の経済学者ケインズは、突如として減少した有効需要を補うためには、政府の財政支出を増加する以外に手だてはない、との理論を発表した（一般理論）。この政策をいち早く採用した米国のルーズベルト大統領は「ニューディール政策」によって、大恐慌からの回復に成功した。

この財政支出を増やすことによって景気を良くする、というケインズ主義はその後も世界各国の経済政策に採用され、時にはケインズ政策を乱用してインフレを引き起す事態に結び付くこともあった（米カーター政権時代）。また、90年代の日本のバブル崩壊後の経済政策は、まさにケインズ主義の乱用の歴史であった。

日本の場合、企業と一般家庭の支出が長期間停滞していたので、インフレにはならなかったが、政府支出だけが異常に突出した「失われた10年〜20年」という、これまでに例を見ない長期停滞の経済状態を発生させたのである（これは日本化現象、と呼ばれている）。ケインズ政策の乱用によって、日本政府の債務はＧＤＰの2倍にまで膨れ上がり、先進国中で最悪の借金国となってしまった。

■非常事態　限定策

さて、今回のコロナ禍に対する各国のケインズ的対応策を見てみよう。日本は、これまで約79兆円（ＧＤＰ比で14％強）の景気対策費を計上しているのに対して、米＝３１１兆円（ＧＤＰ比約14％）、英＝37兆円、（ＧＤＰ比約13％）、仏＝27兆円（ＧＤＰ比10％弱）、そして独＝75兆円（ＧＤＰ比18％）である。

ここでの特徴は、ケインズ主義をこれまで回避してきたドイツがＧＤＰ比で最大の財政支出に踏み切った、という点である。ドイツ以外の国は２０１９年に全て財政支出が税収入より多い赤字財政国であった。ドイツだけが黒字財政を維持していたのである。だが今回の如きコロナ禍で有効需要が減少した事態に対処するための赤字財政は真のケインズ主義の施行である。これに対し、失われた10年以来、財政赤字を膨らまし続けている日本は、ケインズ主義の最悪の乱用国と言わざるを得ない。

ちなみに、不況の克服にはケインズ主義よりも貨幣量を増やし、金利を引き下げる政策が有効だとする経済学者たちがいる（シカゴ大学を中心とするマネタリストと呼ばれている）。

さて、アベノミクスは一言でいえば、ケインズ主義とマネタリストを同時に採用した政策である。結果的に日本の財政赤字が増え続け、金利がゼロ近くまで下げられてしまった。だが、本来こうした政策は、ドイツのようにコロナ禍の如き非常事態にのみ使うべきなのである。

佐　『静岡新聞』「論壇」2020年5月12日

8-6　コロナ後のV字回復

■ワクチン普及1年以内に

政治家はV字回復を頻繁に口にする。これは洋の東西を問わず、経済が苦況に陥った時、景気が直ちに回復する、あるいは回復させるとの政治家の意思表示に使う言葉である。

緊急事態宣言が解除され、凍りついていた経済が少しずつ動き始めている。だが「果たして政治家が望むようなV字回復をするのか、あるいはU字型なのか、または最悪のL字型なのか。この時点で正確に予測することは誰にもできない。

まず、これら三つの型の景気動向を簡単に説明しよう。明らかにV字型とは、景気が底をついた後、素早く回復して経済が元に戻る状態で、政治家のみならず企業や一般家庭の誰もが望む景気回復の状態である。U字型とは読んで字のごとく一定の期間の景気低迷が続くが、やがて経済が元通りに近い水準まで回復するケースである。

L字型とは最悪の状態が長く続き、景気低迷からなかなか脱出できないケースを言う。1990年代のバブル崩壊後に、日本経済が陥った失われた10年や20年は、まさしくこのL字型の例である。

さて、コロナ禍後の日本を含む世界経済はどうが。1年以内にワクチンの生産と供給が世界中の人々にゆき渡るようにならない限り、V字型回復はあり得ない。これは著名な世界の経済学者たちの共通の認識である。だが、現代のような「ソーシャル・ディスタンス（社会的距離）」の経済といえども、経済活動が再開している以上、L字型はあり得ない、と考えられている。

今回のコロナショックは、これまでの不況の源泉となったサプライ（供給）ショックや、デマンド（需要）ショックとは異なる。健全な経済にウイルスという外的ショックが、サプライとデマンドの両側面に衝撃を与えるもので、「サプライ・アンド・デマンドショック」とでも呼ぼう。70年代後半の石油ショックは、石油の供給が制限されて起きたサプライショックの典型例である。リーマン・ショックは金融市場でバブルが発生して起きたものでどちらかと言えば、デマンドショックに近い。

■国内へのUターン戦略を

本欄執筆者であったP・クルーグマン教授（ノーベル賞受賞者）は、最近のブルームバーグニュースでのインタビューで「コロナショックは、どちらかと言えば70年代後半の石油ショックからの影響に近い衝撃を与えている」と述べている。これは恐らくコロナショックによって、サプライチェーンが断ち切られたことを指摘したものであろう。

日本について言えば、マスクなどの例に見られるように、これまで、あまりにも国外の供給に依存してきたが、これを機に、モノの生産と供給を幅広く日本国内に戻すUターンの戦略を取ることが強く望まれる。

ソーシャル・ディスタンスのもう一つの側面として、サービス産業の回復に時間を要するという現実がある。スポーツ、旅行、レストラン業などがコロナ禍以前の状態に戻るには時間を要する。ワクチンが開発されたとしても4～5年は要する、との推計もある。これが世界経済のU字型回復に必要な時間なのかもしれない。

佐　『静岡新聞』「論壇」2020年6月2日

8-7　株高インフレを支える中央銀行

■市中経済はデフレ傾向

国際通貨基金（ＩＭＦ）は、日米の株価上昇に対して「実体経済と乖離している」と警戒感を示した。新型コロナウイルスの感染拡大への懸念で、世界の主要市場の株価は一時急落したが、6月に入って、1月中旬の高値水準の85％にまで上昇した。ハイテク株が多い米国のナスダック株価指数は、先週23日に最高値を更新した。また、日経平均も3月の1万6千円台の底値から、大きく持ち直している。

ＩＭＦは、同時に２０２０年の世界経済の成長率をマイナス４・９％と予測し、１９２９年の大恐慌以来の景気悪化と断じている。本年度の米国の国内総生産（ＧＤＰ）は８・０％減、日本も５・８％減と予測している。明らかに、実体経済が縮小しているのに、株価が高値を維持しているのは正常とは言い難い。

一国の経済には、「実体経済」と「金融経済」の二つの側面がある。米国では、金融経済の代名詞として「ウォール街」、実体経済の代名詞として「メイン・ストリート（大通り）」の呼称が定着している。ウォール街は、ニューヨーク市マンハッタン島の南端部に位置する細いストリートで、ニューヨーク証券取引所がある金融センターの中心となっている。ちなみに、マンハッタン島は1627年にインディアンから買いとったものであるが、インディアンの攻撃に備えて、木材などを用いて建造した防護壁（WALL）にその名ウォール街は由来する。

さて、実体経済と金融経済が乖離すれば、結果的に、物価水準にその影響が表れるはずである。市中にモノ以上にカネが出回れば、インフレになり、逆の場合はデフレとなる。コロナ禍によって、世界の中央銀行はカネを市中に流し続けている。だが、そのカネは、一般の消費者にはほとんど渡らない。したがって、スーパーの食品やレストランでの食事代、その他の遊興費には使われることがない。まして、自粛で消費者のモノに対する支出は減少しているので、いまや市中の経済はデフレ傾向にある。

日本銀行や米国の中央銀行に当たる連邦準備制度理事会（FRB）が増やし続けているカネは、結局のところ、株式市場やその他の金融市場に向かうこととなる。その結果、株式や債券価格のインフレとなり、IMFが警鐘を鳴らしている株高現象が起きている。

■年内にも最大の大株主

日本の場合には、特にコロナ禍以前からの経済政策と黒田日銀総裁の異次元的金融緩和政策によって、株価が高い水準に維持されてきた。特に、日本銀行は世界の中央銀行として、他に例を見ない株価買い支えのために、幅広く株式におカネを投じるETF（上場投資信託）の買い付けを行い、いまや日銀は日本企業の大株主となっている。この調子で行けば、年内にも日銀は日本の株式市場「最大の大株主」となる見通しだ。まさに、日本の株高は日銀が創り出した株価インフレそのものなのである。

米国のFRBも、コロナ禍とトランプ氏の再選目的を支持する形で、ゼロ金利政策と債券の買い入れ政策を実行して株価引き上げを試みている。だが日本のような株式の直接的買い入れは行わないと、パウエルFRB議長は明言している。

佐

『静岡新聞』「論壇」 2020年6月30日

8-8 コロナ禍こそ生産性向上を

■K字型定着の日米経済

日銀は10月8日発表した地域経済報告で、北海道から九州・沖縄の8地域の景気の総括判断を引き上げた。生産や消費に持ち直しの動きはあるものの、景気は低水準留りである、としている。

こうした状態を、伝統的な景気回復パターンで表現すれば、新型コロナウイルスの影響が一服した日本経済はマクロ型「U字」回復の状態にあると言えよう。一方で、株式や金融市場、そしてＩＴ産業のミクロ部門などは、コロナ禍以前の水準にまで「V字」回復を果たしている。

しかしながら、サービス消費は外食や宿泊を中心に厳しさが続いている。人と人との接触を最小限にするコロナは、観光業、飲食業、その他のサービス業のような、元来生産性の低いミクロ部門を直撃し、これらの分野での景気回復パターンはせいぜいよくても「L字」型程度である。場合によっては、これらの部門では、景気回復どころか、「景気のさらなる落ち込み」を経験している、といっても過言ではない。

マクロ経済的に「U字」回復を果たしても、ミクロ部門でV字型やL字型、あるいは「それ以下の景気のさらなる下降」部門を持つ国は、日本だけではない。コロナ禍で最大の犠牲者を出している米国経済では、日本以上に二極化が定着している。先月のトランプVSバイデン両大統領候補の討論会で、経済の専門家以外はあまり使わない「K字型」にバイデン氏が言及した。

二極化の景気動向を示す語として使われている「K」の大文字を見ると、Kは一つの文字の中に二つの記号を持っている。Kの「レ」部分はV字で上昇、「ヘ」部分はさらなる下降を示している。この字こそがミクロ部門で「V字型」と「景気の落ち込みパターン」の二つを一つのアルファベットの文字で示したマクロ的二極乖離の経済の表現である。バイデン氏の意図は、この「K」を使ってコロナ禍で苦しむ人たちに向けた政策を実行しようとする発言であった。

さて、日本の経済動向に戻って議論を進めると、コロナ禍以前から、日本経済は生産性の分野で「K字型」の産業構造を持っていた。モノ造りの分野では日本型経営でV字型の生産性上昇を達成してきたが、人手を必要とする医療、観光、飲食、運輸などのサービス産業では生産性が低く、時には生産性の下降をも経験することがあった。

コロナ禍以前からの行き過ぎたグローバル化によって、V字型生産性回復の可能性を持つ日本のモノ造り産業の多くは日本を離れていた。その結果、日本に残った生産性の低いサービス産業と、日銀の異次元的金融緩和政策で活況を呈してきた株式金融市場などが日本経済を支える役割を担わざるを得ない状態が続いていた。また、低い生産性でも、大勢のインバウンド旅行者を受け入れることで、日本経済はこれまで辛うじて全体としてプラス成長を維持してきた。

しかしコロナ禍を経験して気が付いてみると、日本はデジタル化で世界の後進国となっていたのである。米国を筆頭に他の先進国はデジタル化でサービス産業の生産性を補完し国力を増強してきた。今こそ日本は、コロナという禍を転じて福としなければならない。

佐

『静岡新聞』「論壇」2020年10月13日

8-9　コロナ禍　命と経済

■有効でないトレードオフ

100年に一度と言われるコロナパンデミックの2020年も終わりに近づいている。今年はコロナに始まりコロナに終わる年となった。

米国ジョンズ・ホプキンス大学の最新の統計によると、新型コロナ感染者は全世界で8千万人を超え、死者数は175万人に上るという。これを国別に見ると、米国の死者数32万人は最多数である。日本の死者数3千人を超える数は、米国に比べると、桁違いに少ないように見える。だが、人々の心と生活に及ぼす影響は、数字で計測できないほど大きい。

今回のコロナ禍は、約100年前のスペイン風邪と同様に、ウイルスという不可視の敵による人類に対する挑戦である。通常の風水害の時における政策や対応と異なったものでなければならない。特に「命と経済との関係」では、通常のバランスやトレードオフの理論的選択は有効な政策とはなり得ない。

通常の風水害対策における「人命と経済のバランス（あるいはトレードオフ）」は、合理的な基準によって決定されている。例えば新しい道路をつくる場合、片側1車線にするか、2車線にするかの選択には、コスト（経済）と事故時の損害（人命を含めて）とのトレードオフが考慮されている。「おカネを使うマイナスの損失と人命の犠牲を少なくするプラスの利益がバランスをとる点」で最終的政策の決定が下される。つまり2車線にすれば、事故が起きても人命が救われる可能性が大であるが、それには多くのカネがかかるので、人命を犠牲にして経済を優先して1車線にすることもあり得る。

だが、今回のごときパンデミックに対する対策は、こうした合理的トレードオフの政策が有効なものとはなり得ない。具体的に言えば、コロナ禍の下では、「命とカネのバランスで経済を回す」という考え方は、一時的な経済回復に成功したとしても、現状のような、第2波、第3波の感染の襲来を招き、生命とカネの双方が甚大な被害をこうむる結果となる。

■旅行奨励せず損失補填を

パンデミックの下では、まず命を救うために経済を犠牲にする極端な政策を採用することが結果的に人命を救い、ひいては経済の再生も可能にするのである。（これを政策科学では、最適のコーナー解、あるいは端点解と呼んでいる）。具体的に言うと、日本の場合、政府は補助を与えて旅行や外食を奨励する代わりに、その予算と、必要ならばそれ以上を失われた損失の補填にまわすことである。スペイン風邪の折にロックダウンを最も厳しくした米国の州が、最も早く経済的回復を遂げた。

国際通貨基金（ＩＭＦ）の最近の報告書によると、日本の財政事情は、主要7カ国（Ｇ７）の中でコロナ禍によって最も悪化した、とされている。日本の新規国債発行は過去最大の約１１２・６兆円に膨らんだ。これはコロナ禍でやむを得ない事態とはいえ、人命優先とは無関係の便乗予算が多すぎるのではないか。

新しき年にはワクチンが命と経済を共に救うことを祈る。

佐

『静岡新聞』「論壇」２０２０年12月29日

8-10　日本技術の遅れとＰＲの役割

■5Ｇの劣勢、6Ｇで挽回

日本のメディアのアルファベット文字使用に関して、本欄でたびたび触れたが、この問題は、時には、日本の技術進歩の妨げになっている要因の一つである。技術の経済学の視点から論じてみよう。

例えば、「DX（デジタル・トランスフォーメーション）」「Beyond 5G to 6G（5Gを越えて6Gへ）の時代」「AI（アーティフィシャル インテリジェンス）」などは、毎日、新聞その他のメディアで使われているアルファベット文字である。DXの定義はさまざまであるが、簡単に言えば、「デジタル技術を用いて、新たな経済価値を創造すること」である。経済産業省が2018年に「DXレポート」を発表して以来、専門家の間で使われるようになった。

「5G、6G」とは、第5世代（ジェネレーション）第6世代移動通信システムの略である。日本は現在ほとんどの地域で4Gを使用している。5Gの通信速度は4Gに比べ格段に増す。6Gは、5Gに比べて、2030年頃に完成するさらなる進歩を遂げた通信技術である。

そして、AI（人工知能）は、ロボットなどの例で見られるように、日常用語として定着しつつある。平易に言いかえれば、「これまで人間にしかできなかった知的行為を、いかなる手順と、いかなる事前データを使えば、機械的に実行できるかを研究する分野」である。

この3分野の例は、日本が世界との技術競争で遅れている分野である。菅内閣は、デジタル庁を創設して、日本を世界に冠たる効率国家とする、と発表した。ただし、現在、高速移動通信機器の世界シェアでは、中国のファーウェイやスウェーデンのエリクソン、フィンランドのノキアの20％超に対して、日本のNECや富士通のシェアは約1％にすぎない。

日本は、5G技術において、韓国、アメリカ、そしてヨーロッパに遅れをとっている。また、中国では3大通信（中国移動、中国聯通、中国電信）が2019年に中国全土で5Gのサービスを始めている。

日本は5Gには遅れたが、6Gでは巻き返しを図るとして前掲の「5Gを越えて6Gへ」を進めている。具体的には、今年11月に総務省が「ビヨンド5G新経営戦略センター」を立ち上げ、産官学一体で技術開発を進める、と発表した。

■横文字用語の浸透で錯覚

さて、技術の経済学において、メディアによるPR（広告・宣伝）の役割について、それが技術開発の発展に直接的に役に立つか否か、がしばしば問題となる。最も明白なのは、新技術の開発が完成した後に、メディアによってPRされれば、その技術は広く普及し確固たる地位を築くことができる。一方で、今回の日本の6Gプロジェクトのように、先の見えない未知の領域に関してメディアがPRで騒ぎすぎれば、逆効果となる。つまり、プロではない一般人にとっては、6G技術が完成されたかのように思い込むからである。

同様に、一般読者がDXの語を毎日のように見聞きしていると、この新しい技術がすでに完成したかのような錯覚に陥る。特に日本人は、アルファベットの表記に弱いからである。

佐 『静岡新聞』「論壇」2020年12月15日

8-11　ワクチン開発のイノベーション

■改良型の日本　欧米に遅れ

米製薬大手ファイザー社製の新型コロナウイルスに対するワクチン（米独共同開発）が、先週ベルギーから日本に到着し、今週から医療従事者への接種が始まるようだ。欧米諸国に比べると2カ月以上も遅れた接種の開始である。しかもワクチンの供給が今後障害なく続くか否かは、供給者側の事情次第だという。頼りない話である。

新型コロナが発生した1年前には、世界各国がその対応の開始では一線上に並んでいたはずである。だが、1年後のいまワクチン対策で、米英独そして中国やロシアさえもおのおのワクチンを開発し、世界各国に供給を始めている。一般の日本人は、モノづくりに優れているはずの日本が、なぜこれほどまでに後手にまわって、後れを取っているのか、と誰しも不審に思っているはずである。ちなみに、コロナ禍が始まった昨年は、マスクの供給不足が人々の悩みの種であったが、いまでは、マスクの過剰生産が問題となっている。

日本の過去1年間のコロナ禍対応は、政府が人々の行動あるいは活動の規制を行い、なるべく感染者と死者数を少なく抑え込むことに重点が置かれていた。結果的に見て、ここまでは成功したといって良い。だがもう一つの対応手段であるワクチン開発では、政府も企業側も欧米と比べて、決して熱心ではなかったように見える。加えて、これまで「技術の経済学」で指摘されてきた日本の技術開発とイノベーションの問題点がそのままそっくり、コロナワクチンの開発遅れで露呈したといって良い。

モノづくりのイノベーションには、周知の通り、「プロダクト・イノベーション（新しいモノの開発）」と、「プロセス・イノベーション（改良型の開発）」の二つの段階がある。日本人が得意としたのは第二のタイプの改良型の開発である。

今回の欧米などで開発されたワクチンは、専門家によると、これまでのワクチンの種類とは全く異なる新しいプロダクト・イノベーションによるものであるという。つまり、いま世界に供給されているのは、一口にワクチンと呼んでも、ウイルスの遺伝情報を使った新しいタイプのワクチンだという。これでは、改良型のイノベーションを得意とする日本が後れを取るのも無理からぬことである。

■研究よりGoToにカネ

これに加えて、ワクチン開発の専門家によると、米国のように公的な資金をふんだんに使って研究を進める政府の政策も日本にはなかった。政府はむしろ、短期的に経済を回すことを優先して「GoTo…」にカネをかけてきた。

日本でも大阪大学やその他の企業でのワクチン開発が進められていると聞く。そしてこのパンデミック（世界的大流行）を収束させるためには、いま主流となっているワクチンだけでは不十分であろう。遠からず、日本企業が現行のワクチンの不便さや効果を改良した型のワクチンの供給を始めるかもしれない。例えば、超低温保存の必要もなく、1回で免疫効果を与えるワクチン開発に日本が成功するかもしれない。

だが、残念ながら現在この分野で日本が大幅に世界から後れを取っていることは事実である。

佐『静岡新聞』「論壇」2021年2月16日

8-12　カネ余り経済は続かない

■日本株を買い続ける日銀

「アルケゴス・ショックで、日本の大手証券会社や大手銀行が大損をしている」。この報道が本欄の読者の生活と、どのような関係があるのか、と訝しく思う方も多いだろう。その答えの一つとして、バブル的様相を呈してきた日米の株式市場と、それを支えるカネ余り現象がある。

米国の韓国系投資会社「アルケゴス」が、投資の失敗によって巨額の損害を被り、その影響で、ヨーロッパの銀行や日本の野村、三菱UFJ、みずほなどの証券・金融会社に大きな損失を与えた。ちなみに、アルケゴスのオーナー社長のビル・ホアン氏（57）は、高校生の時に韓国からアメリカに移住し、カリフォルニア大（UCLA校）卒業後、カーネギーメロン大学でMBAを取得した金融の専門家である。だが、彼はインサイダー取引などの容疑で処分された前歴を持っている。

ここで問題なのは、日本をはじめとする世界の金融市場はカネ余りで、金利がゼロの状態が続いている現実である。日本の場合、カネ余りは、黒田バズーカと言われた金融緩和政策が長期間続いていることに加えて、一般市民が銀行などの金融機関の預金の金利がゼロに近いのに、預金を増やし続けていることに起因している。

金融・証券会社は、こうして増え続ける資金を運用するために、株式や債券市場に投資するが、それでも資金が余っているので、アルケゴスのような会社に融資せざるを得ないのが実情だ。ちなみにこの会社は、米政府の規制の強いヘッジファンドではなく「ファミリーオフィス」の名目の下で、ヘッジファンドと同じ業務を行っていた。

こうした一流とは言えない企業への融資による予期せざる損失は、カネ余りが根本的な原因なのである。史上最高値をつけた米株式市場、そして日本のコロナ禍での異常な株高は、バブル崩壊後30年ぶりの高値で、このまま続くはずがない。まず、日本株の最大の保有者は日本銀行であることを一般市民の多くは知らない。2013年から2％インフレ目標を達成するため、日銀は株価指数連動型の上場投資信託（ETF）を買い続けている。自由経済の株式市場で、「その日の午前中に日経平均が下がれば、午後には日銀が買いに入る」と言われるほど日銀は株式市場に直接関与しているのである。

■政府の債務残高　世界最悪
現在はコロナ渦の状態で、日本政府は新規の赤字国債によってこれを乗り切ろうとしている。だが日銀は、2％のインフレ目標達成のため、拡大的金融政策を続け、政府は、債務残高を増やし続けてきた。その結果、政府の債務残高は、2020年末の時点で、対国内総生産（GDP）比238％と世界最悪である。貨幣量も異次元緩和で618兆円にまで膨らんでしまった。まさに異常事態である。

日銀は効果がないのは、まだ緩和が足りないからだ、と言い続けている。こういう時には、巨額の赤字財政は問題ない（現代貨幣理論）や、インフレ・ターゲット理論など、外国で重宝がられている都合の良い理論が登場する。だが、歯車の回転が狂い出すとアルケゴス・ショックの二の舞いとなり、損をするのは日本企業であり、それに関わる日本人なのである。

佐　『静岡新聞』「論壇」２０２１年４月６日

8-13　法人税引き下げ競争に終止符を

■グローバル化経済の弊害

コロナ禍はグローバル化問題に大きな影響を与えている。グローバル化によってパンデミック（世界的大流行）が世界の隅々にまで急速にまん延した、という事実はさておき、コロナ禍はグローバル化経済の在り方をも再検討する機会を与えたのである。

イエレン米財務長官は長く続いてきた先進国による法人税の引き下げ競争に終止符を打ち、「各国が軽減税率で協調すべきだ」と発言した。簡単に言えば各国は法人税の切り下げ競争をやめるべきだ、というものだ。

グローバル化が本格的に始まった１９８０年代に、英国が50％以上あった法人税の引き下げを始めてから、先進国は税率引き下げ競争を始めざるを得なかった。その理由は、法人税率が他国と比べて高ければ、自国企業がグローバル競争で不利になるという点。もう一つは、自国企業が税率の低い国に拠点を移す可能性があるからである。

日本は80年代に40%以上だった法人税率を2018年度に23・3%まで下げ、米国はトランプ政権時代に28%から21%に引き下げた。だが主要先進国中最も低い税率12・5%をアピールして世界企業の誘致に成功している国はアイルランドである。アイルランドにおける最大の納税企業は、フェイスブック社などの米グローバル企業である。フェイスブックは、国際事業本部をアイルランドに置き、法人税ゼロのケイマン諸島をも利用しているとされている。

ここで明らかなのはグローバル化が進むと、完全で公正な競争が阻害され、一部の強力なグローバル企業が独占力を行使して弱い企業を市場から排除する現象が起きていることである。いわば、グローバル化による新自由主義的弊害が発生しているのである。

イエレン財務長官の発言はこうした弊害の是正のほかに、バイデン政権が提案している8年間に250兆円規模のインフラ投資計画を賄うために、法人税率を28%にまで引き上げる意図がある。加えて、大企業の利益に関しての課税の再評価をする目的がある。アマゾンのCEOベゾス氏はこの法人税引き上げに支持を表明した。

■「タブー」から政策の柱に

イエレン提案は日本にとっても歓迎されるべき政策である。第一に、日本企業は他国の企業と税率に関して競争する必要がなくなるからだ。バイテン政権の企業税率の増税が実現した場合には、日本政府も同様に企業増税を政策の一本の柱とすることが可能となる。これまで日本は国の財源を消費税に頼りすぎてきた。企業増税はこれまで一種のタブーであった。そして野党でも共産党のみの主張であった。だがコロナ禍で膨れ上がった財政支出を補うためには、利益を得ているグローバル企業も貢献すべきである。

第二に、コロナ禍はサプライチェーンにも混乱をもたらした。行き過ぎたグローバル化がその原因である。企業が法人税率の競争に明け暮れる必要がなくなると同時に、サプライチェーンを国内に戻すことで、より安定的なグローバル経営が可能となる。ひいては日本企業の国内へのUターンをも促進し、雇用と生活を安定させる効果がある。

佐 『静岡新聞』「論壇」2021年4月13日

第9章　日本経済の構造的問題点

9-1　日本とアジアのソフトパワー

■いまだに内向き志向

アジア諸国は驚くほど豊かなソフト・パワーという潜在的資源に恵まれている。ソフト・パワーとは他者からの強要やカネの力によってではなく、むしろ心を魅了する概念や物的手段を通じて人に満足感を与える力である。1950年代においては、アジアと言えば貧困と飢餓のイメージが浮かんだものである。アジアの真の台頭は、日本の経済的成功と共に始まった。日本の目覚ましい業績は、20世紀末までに日本人を裕福にしたのみならず、そのソフト・パワーをも増進させることとなった。

1990年代の日本の景気減速は、日本経済の光り輝く業績への評価に傷をつけることになった。だが、日本のソフト・パワーの力を消滅させることはなかった。日本文化の世界的影響力は、ポップ・ミュージック、家電製品、建築、ファッション、食品、そして芸術の分野でますます伸張していった。

現に家庭用ビデオゲームは日本のメーカーが市場を支配している。ポケットモンスターの漫画は世界65カ国で放映されている。日本のアニメは世界中の映画愛好者やティーンエージャーたちの間で人気を博している。日本の大衆文化は依然として潜在的なソフト・パワーの源泉となっている。

しかし、日本のソフト・パワーには限界もある。ドイツは過去の侵略を放棄し、欧州連合の枠組みの中で近隣諸国と和解した。だが、日本はいまだに1930年代の歴史的事実を完全に受け入れていない。中国や韓国のような国々に今もって残存している疑念が、日本のソフト・パワーの限界を示している。さらに、日本語は世界的に広く用いられていないし、また日本人の英語力の乏しさは、日本の大学が国際レベルの優秀な人材を引きつけることへの障害となっている。日本の文化はどちらかと言えばいまだに内向き志向のままである。

将来を展望すれば、巨大な人口を抱え、急速に経済成長を続けている中国とインドは、アジアの地平線に浮上しつつある巨人である。彼等の経済力やハード・パワーの軍事力が増強しているだけではなく、ソフト・パワーの資源も伸び続けている兆候がある。中国は中国文化を奨励するために何百もの儒教研究所に投資を増やしており、中国の大学は毎年多くの外国人留学生を招致している。

■国境を越えた繋がり

インドのボリウッドでは毎年、ハリウッドの製作数を上回る映画を製作している。240万人の中国人と170万人のインド人が米国内に巨大な移民コミュニティーを作っており、一般米国人の中国やインドへの関心を高める役目を果たしている。さらに、欧米のハイテク企業はバンガロールや上海で多くの関連企業を使うことによって、リアルタイムのサービスの提供を可能にしている。情報産業においては国境を越えた繋がりがますます密接なものとなっている。

しかし、中国やインドの将来性は、依然として未知数である。一国のソフト・パワーは、その国の文化の魅力、国内の政治的・社会的価値への共感、そして外交スタイルやその本質によって決定づけられる。文化自身は多少のソフト・パワーを提供するが、国内政治と価値体系がそれに制限を加える。とくに中国では、個人が知的自由を持つことを共産党当局が恐れるあまり、外部からの影響を最小限に抑えようと抵抗を続けている。

少なくとも今の時点においては、民主主義国家の日本がより魅力的な国だと言うことができる。

ナ 『静岡新聞』「論壇」2010年9月1日

9-2　米国を模したマイナンバー

■マイナンバー制度導入の目的とは

国民一人一人に番号を割り当てるマイナンバー制度への不安感が広がっている。日本年金機構がサイバー攻撃を受け、約125万件の個人情報が流出したからだ。この失態の原因究明や再発防止策が不十分な場合、年金分野でのマイナンバー利用開始がずれ込む可能性がある。

年金機構は当面、流出した年金加入者の基礎年金番号変更を無効3か月程度で完了する目標を立てている。

そもそもマイナンバーとは何か。日本人の好きな「マイホーム」「マイカー」などをまね、社会保障・税番号として住民票を持つ人に与えられる12桁の個人番号のことだ。10月から各世帯に番号の「通知カード」が送られる。

だがマイカーやマイホームのように、個人が努力して入手した宝物的な所有物ではない。マイナンバーとは、国民に親しみを持たせようとの意図で政府が名付けた、極めて日本語的な造語である。

個人番号先進国の米国の制度に倣って新設されるマイナンバー制度は、果たしてうまく機能するのだろうか。

まず住民登録に関して、日米では根本的な相違がある。米国には日本の戸籍のようなものは存在しない。国が個人の存在を把握するために、全ての人に付ける番号が必要となっている。

米国では出生と同時に市民権と個人番号が与えられる。市民権がなくても、何らかの形で賃金を得たり、金融機関に口座を開いたりする場合は、この番号が必要となる。

例えば日本からの留学生が米国の銀行に口座を開くときは、まず連邦政府の社会保障機構に個人番号を申請する。「ソーシャル・セキュリティー・ナンバー（社会保障番号）」といい、識別番号として一生ついて回る。この番号を通常は「ソーシャル」と呼ぶ。マイナンバーなどと言っても通じない。

米国でこのソーシャルが本人確認のＩＤとして必要なのには、絶対的な理由がある。米国で所得を得ている全ての人は金額の多少に関係なく、毎年4月15日までに確定申告をする義務があるからだ。この米国の「国民皆確定申告制度」には不可欠の番号なのだ。

日本におけるマイナンバー制度の導入には、米国式制度のメリットを、そのまま納税などに役立てようとの狙いがある。

例えば日本の現行制度では、給与や賃金所得がゼロの個人資産家が株式・債券投資で収入を得ても、証券会社を通じて源泉徴収分を支払えば、あらためて税務署へ確定申告する必要はない。この資産家は特に「所得ゼロ」として扱われ、所得に応じて課される税の支払いを免れることがある。そこには明らかに不公平さがある。

マイナンバー制度は、こうした不公平を見つけ出す手段にはなり得る。ただ、税務当局がこうした事態を認識したとしても、米国式の国民皆確定申告制度を導入しない限り、是正にはつながらない。

マイナンバー制度の導入によって、高齢化の進展で膨れ上がる社会保障費給付の正確性や公平性は高まるだろう。時折メディアで騒がれる生活保護の不適正受給の解消にも役立つと思われる。

■求められるセキュリティー対策

だがこの制度は万能ではない。日本には既に住民基本台帳カードがあるが、あまり効率的に利用されていない。これに代わるマイナンバーは有効に活用されるだろうか。

また、この制度の導入には初期費用だけで約2700億円もかかる。運用費には年間200億～300億円が必要となるため、IT（情報技術）産業をもうけさせるだけとの批判もある。

そして最も重要なのは、年金機構のようにマイナンバーを扱っている政府や民間の機関のセキュリティーが果たして万全なのか、ということである。

オレオレ詐欺など特殊詐欺が横行する中、高齢者が詐欺まがいの電話で、簡単にマイナンバーを他人に知らせてしまうのではないかとの懸念もある。年金のみならず全ての資産に直結するマイナンバーが他人の手に渡ることは、オレオレ詐欺以上の被害を及ぼす可能性すらある。

9-3　訪日観光客と文化摩擦

佐　『秋田魁新報』「時評」2015年6月6日

■日本文化の誤解を解くには

世界の観光大国フランスの人口は、日本の半分ほどの6600万人である。だが、昨年（2015年）フランスを訪れた観光客は世界ランキング第1位の約8500万人で、自国の人口を大きく超えている。

昨年日本を訪れた観光客は約2千万人だった。これは世界16位で、初めて韓国を追い抜いた。2千万人といえば大変な数ではあるが、日本の人口の6分の1にすぎない。フランスに比べれば、日本はまだまだ観光後進国と言わざるを得ない。

外国人が日本に来てまず驚くのは、サービスの良さである。2020年の東京五輪も「おもてなし」精神で誘致に成功したと言われるほどだ。だがそれは、過剰サービスを奨励するものではない。真の「おもてなし」とは、観光客のニーズを理解して対応することである。

外国人が来日直後に困ったこととして挙げるのは「英語が通じない」「日本独自の礼儀や衣食住の習慣の違い」などである。

その一例となるのが日本の観光名所の一つ、熱海の海岸に設置された有名な「貫一・お宮」の銅像が、海外からの観光客の間で誤解を生んでいることだ。銅像は尾崎紅葉の小説「金色夜叉」の一シーンで、お宮の背信に怒った貫一が取りすがるお宮を蹴飛ばす瞬間を捉えたものである。

その光景は明らかに、男性が女性に暴力を振るった瞬間でもある。外国人客から見れば「男の暴力を正当化して観光の売り物にしていてけしからん」「日本文化は一般的にドメスティックバイオレンス（DV）を公に容認している」ということになる。

熱海市はこうした誤解を解くために、銅像に英語の解説を付けたと聞くが、親日家の一人は「誤解を生むような銅像は撤去しろ」とまで発言している。

もう一つ、日本文化への誤解の種になりかねないものに二宮金次郎の像がある。薪を背負って歩きながら本を読むおなじみの少年像で、昔は小学校の校庭などでよく見かけた。

この像への批判は、子供への労働を強制する虐待であるというものと、歩きながら本を読む姿は勤勉の象徴というよりはむしろ、いま「ポケモンGO（ゴー）」を巡って危険視されている歩きながらのスマートフォン操作「歩きスマホ」を奨励することになる、というものである。

そのほか、日本の過剰サービスも外国人客には良い印象を与えていない。例えば、電車や地下鉄のアナウンスがそうだ。「傘をお忘れにならないように」「降りるお客さまが降り終わってからお乗りください」「ドアに手や荷物を引き込まれないようご注意ください」。これらは海外の公共交通機関には存在しない日本の代表的な過剰サービスである。

それとは逆に、優先席に座って寝たふりをする若者がいても、日本人はトラブルを恐れて見ぬふりをする、と言われている。

■訪日外国人を地方へ

外国人客を受け入れるには、日本人の側も文化摩擦を最小限にとどめる努力が必要になる。近年、旅館などで明らかに日本人客と異なる行動を取る外国人客がいるようだ。備え付けの浴衣を持ち帰ってはいけないなど日本独自のルールを理解してもらうことが大切だろう。

昨年の訪日客2千万人のうち・トップは中国からの500万人で、韓国からの400万人、台湾からの370万人と続く。米国からの100万人と豪州からの38万人を除けば、上位8カ国・地域はアジア諸国で、全体の8割を占めている。

中国からの500万人はシンガポールの総人口と同じぐらいで、そこにはさまざまな習慣を持つ人がいるに違いない。日本人には受け入れ難いマナーの人もいるかもしれない。だが、彼らの「爆買い」が日本経済を潤したことも事実なのだ。

戦後、日本人は海外旅行で欧米のブランド商品を「爆買い」し、ひんしゅくを買った。それを忘れ、日本に来た観光客の「爆買い」を笑ってはいけない。

政府は訪日観光客4千万人を目標にしているが、それを達成するには、地方を訪れる訪日客を増やさなければならない。秋田の「なまはげ」行事を、子供への虐待と誤解されないような工夫も必要となるだろう。

佐

『秋田魁新報』「時評」2016年9月15日

9-4　日本人は働き過ぎか、遊び過ぎか

■有給休暇の消化率、低く

勤労感謝の日も終わり、いよいよ師走が来る。グローバル化の影響で、日本でもクリスマス、年末年始と祝祭日や宴の続く季節となる。だが、伝統的なユダヤ教の人々にとっての新年は9月末で年末に集中しているわけではない。いずれにせよ、祝祭日を利用した商業主義がはびこっているのは世界的な傾向のようだ。日本ではバレンタイン、ホワイトデーそしてハロウィーンと、昔は考えられなかった理由付けとともに、人々が楽しむ日々が多くなった。ボストン辺りではハロウィーンは10月末日に子供たちが近所を回ってお菓子をもらう日だと思っていた。それがニューヨークでは目抜き通りを大人の仮装行列が練り歩くのを見て驚いた。東京の渋谷界隈では、若者たちが何日も前から仮装を凝らして集まり騒いでいる。

こうした祝祭日と結びついた人々の行動は、法定休日の日数と関係があるようだ。法定休日数が世界で一番多いのはインドで、18日である。日本と韓国はともに16日で第2位である。米国＝10日、英国とドイツ＝9日、フランス＝11日、イタリア＝13日である。ドイツの友人が日本に来て日本の法定休日がドイツより7日も多いのに驚いていたものだ。ちなみにメキシコの法定休日は7日で最も少ない。

政府の働き方改革で、有給休暇付与日数とその消化率をともに増やすことが議論されている。日本の有給休暇付与日数は20日で、米国の19日とあまり変わらないが、スペイン、フランスなどの30日より10

日も少ない。だが、日本の休暇取得日数は10日で、与えられた権利の半分を使っているにすぎない。米国は与えられた19日のうち14日（74％）を使っている。だが、フランスやスペインは30日の権利を100％使っている。

■仕事＝生き甲斐の理由も

日本の場合、何故与えられた20日を全部使わないのか、の質問に対して、人手不足、職場の雰囲気で取りにくいことに加えて、カネがないから休暇を取っても遊べない、などの理由が挙げられている。これ以外にも、外国の統計などに見られない理由として、日本では、仕事＝生き甲斐、の答えが出ている。

それでは、日本人は働き過ぎなのか、それとも遊び過ぎなのか。現在の若者の行動パターンを見ても、明確な答えを出すことはできない。だが、最近のOECD（経済協力開発機構2015年）によると、一人当たり平均年間総実労働時間では、日本＝1729時間で米国＝1789時間より少ない。ドイツ＝1371時間、フランス＝1473時間よりは多いが、韓国＝2124時間に比べると約400時間も少ないことがわかる。

日本の年間休日数は国際的に見ても遜色はない。欧米の休暇の取り方は、個人の年次有給休暇が主体であり、長期休暇の文化がある。日本では祝祭日主体で、個人というよりは一斉に休む文化を持つ。

一方、サービス業は祝祭日に営業するので休暇日数も少なく、その生産性をいかにして上昇させるかは大きな課題である。

佐

『静岡新聞』「論壇」2017年11月28日

9-5　海外が見る日本の品質不正

■品質管理の歴史的背景

日本の製造業が築いてきた製品への信用を揺るがす不正事件が続き、海外でも大きく報道されている。日産自動車や神戸製鋼所、三菱マテリアルや東レの子会社など、大企業で品質管理における不正行為が明らかになった。

日本人は法令を守りすぎているのか、あるいは小さなミスならごまかすのか、どちらが真の日本なのか、を問う記事が現れている。

「つくばエクスプレス、20秒早く出発して謝罪」。これは海外メディアが驚きの念を持って報じたニュースである。日本国内では、ネットメディアが紹介した程度の出来事だったが、世界の大手メディアの米ニューヨーク・タイムズ紙、ニューヨーク・ポスト紙、英BBC放送のほか、ロシアやブラジルメディアまでもがこのニュースを流した。

読者のためにこの件を詳述すると、先月14日午前9時44分20秒に、千葉県流山市の南流山駅発の下り電車が定刻より20秒早く発車し、「お客さまに大変ご迷惑をかけた」と会社側がプレスリリースを出した出来事である。海外ではこの程度のことでいちいち謝罪したりしない。

一方で、世界のメディアでは、日本製品に対して不信の目をもって報道するケースが出始めている。タイヤを補強する材料で品質データの改ざんを行った日本屈指の素材メーカー（東レ子会社）は、顧客と約束した強度より1％足りない製品の数値を改ざんし、合格品として出荷していた。会社側は「これはわずかな誤差だ」と開き直って説明したが、20秒早く出発して謝罪したケースとは正反対の姿勢である。一体どちらが真の日本の姿なのか。

その答えは、「双方とも真実の姿」なのである。そこには日本の品質管理の歴史的背景がある。日本企業の品質管理は三つの段階を経て現在に至っている。第1段階では、日本製品はおもちゃのようなものだった。第2段階で品質管理（ＱＣ）運動が導入され、第3段階で世界最高品質となり現在に至っている。

第1段階では、終戦後の日本の輸出はおもちゃから始まった。中国の輸出が初めはおもちゃからであったのと同様である。本欄でもかつて触れたことがあるが、筆者が１９５０年代に大学院生だった頃、米国で中古の日本車を買おうとしたら、セールスマンに「日本のおもちゃは安全じゃないよ」と言われたことを思い出す。

日本が本格的に輸出製品に品質管理を導入した第2段階では、筆者のニューヨーク大学時代の同僚だったデミング博士の貢献が絶大である。博士は60年代に日本企業に招聘されて、粗悪な日本製品を世界最高レベルにまで引き上げるＱＣ運動を広めた。

製品が最高水準に達した企業に対し、博士の名を冠したデミング賞が与えられた。ＮＥＣ、トヨタ自動車などはＱＣ運動でこの賞を取り、最高品質の折り紙が付いた代表的な企業である。

こうして、日本の評判は高まり、ものづくりの分野で世界最高品質の技術と管理能力を持つことが証明された。これが第3段階で、戦後の日本経済の発展に大きく寄与したのである。

■技術力ではなく、ガバナンスの問題

今回発生した企業の不正事件は、日本の技術力が衰えたためではない。経営管理面の不祥事で、ガバナンスの問題である。基準に達していない製品でも適正品として出せば、経営上もうけにつながる。長期的には企業のイメージダウンなどのマイナス面はあるが、短期的な利潤を重視した不正行為である。

外国人からの質問として「不祥事発生のつど、役員が並んで深々と頭を下げる行事、あれは何の役に立つのか」というものがある。それに対しては「法律上の罪が減じるわけではないが、反省と謝罪の意味を持ち、人々の反感を抑える」と答えると「いつ見ても滑稽だ」と言われた。

日本企業の不祥事は、今後ますます増えるのだろうか。欧米には企業性悪説があり、そのために多くの弁護士を抱えている。日本では業界大手は悪いものを作るような企業ではない、との性善説が根強い。今後グローバル化の影響で、日本にも企業性悪説がはびこるようでは困る。

佐『秋田魁新報』「時評」2017年12月5日

9-6 人手不足社会と外国人労働者

■AI発達で仕事消滅論

人手不足が深刻さを増す日本経済で、外国人労働者の果たす役割が大きくなっている。日本人から敬遠されている厳しい労働条件の、建設や警備、そして産業廃棄物処理、その他のサービス分野では、全就業者数に占める外国人の依存度が増し、この4年間に2倍に跳ね上がった。

一方で、最近はＡＩ（人工知能）の発達により、人手不足どころか人々の仕事が消滅する危機にある、という仕事消滅論が目につくようになった。人類の発展の歴史を超長期の観点から見れば、人間は他の動物とは異なり、ツール（道具）を発明し、それを使うことによって生活を豊かにしてきた。

現実に目を向けると、先進国のほとんどの国で景気が上向いている現在、人手不足が目立っている。だが、いま、メディアを賑わしているＡＩは、目前のこの人手不足を軽減できる状態ではない。しかも日本の現在の人手不足は、日本人だけで解決できる種類の問題ではない。ここで筆者が体験したドイツでの例を述べよう。

約30年前、ドイツのボン大学で教壇に立っていた頃のドイツ経済は、今の日本経済と同じような人手不足を初めて経験していた。ドイツ人が嫌う「キツイ、キタナイ、キケン」な３Ｋの仕事は外国人に頼ろうとして生活水準の低いトルコに目を向けた。トルコからの労働者をガスト・アルバイター（直訳するとゲスト労働者）と呼んでいたが、この語はもともと「お客として招待された労働者」という意味のドイツ語である。

現実には、彼らへの待遇は決して良いものではなかった。休日になるとボン市内の各所や駅の片隅などに仲間を求めて集まっているトルコ人労働者たちの寂しげな様子は今でも忘れられない。

幸いにも日本の場合、１９９０年代のバブル期を除いて、これまで大量の外国人労働者を必要とするほどの人手不足はなかった。外国人観光客から見ると、デパートや銀行などの「キレイなサービス業」では、人手はむしろ余っており「エレベーターの前でお辞儀を専門にする職種は日本だけだ」としばしば彼らを驚かした。

■人間の脳力補強し向上

こうした「キレイなサービス業」の中でも、最近新3Kなる「キツイ、カエレナイ、キビシイ」仕事が敬遠されている。新3Kを嫌う人たちが自発的に3Kの仕事に就くことはないだろう。一部のサービスセクターで人手が余っていても、3Kの仕事は外国人労働者に頼らざるを得ない、のが今の日本の現状である。また、オートメーション社会を風刺したチャップリンの名作「モダン・タイムス」も現代を正確に描写したものではない。

産業革命は、人間の腕力を補強することによって生産性を向上させた。来るべきAI革命は人間の脳力を補強して生活水準を向上させるプロセスである。そこでの主役はあくまでも人間である。

佐

『静岡新聞』「論壇」2018年1月16日

9-7 世界に広がる過労死イメージ

■優秀社員に厳しい日本

東大出の電通の新人社員が「過労自殺」をした事件は、世界に衝撃を与えた。国際通貨基金（IMF）が昨年（2017年）11月に発表した日本の労働環境に関する提言では、後を絶たない「過労死」

を問題視し、残業抑制を求めている。

この提言によると、日本の正社員は頻繁に長時間労働を要求され、残業代が支給されないこともある、とし、働き過ぎで死に至ることを「ＫＡＲＯＳＨＩ」と紹介している（２０１７年11月ワシントン発共同）。残念ながら、これが労働環境に関する日本のイメージなのである。

いま日本の国会で討議されている働き方改革法案で、果たして日本のこの悪いイメージが払拭されるのであろうか。外国の専門家たちと議論をすると、次の2点が指摘される。その第一は、有名な一流企業での過重労働の問題である点と、東大出という優秀な社員が関わっている点である。米国の一流企業であれば、優秀な社員ほど大切に扱い、過労死などに追い込むような仕事は決してさせない。これが米国の労務管理の基本原則である。

日本のこれまでの伝統では、優秀な社員に重要な仕事を与え、それに耐えられるか否かで、その社員の資質を試すやり方が採られていた。言うなれば、米国式人材育成とは「最小努力で最大成果」を挙げることである。これに対し日本式人材育成では、「最大努力で最大成果」を求めている。つまり、米国式は、「結果が良ければ、全てよし」であり、日本式は「努力なしの結果は評価しない」である。

日本のこの伝統は、企業の社員教育のみならず、スポーツや国技の相撲の世界にまで浸透している。スポーツの先輩や監督は、時には暴力を用いて優秀な後輩を指導してチャンピオンに育てる。先般問題となった角界の暴力事件でも、親方や先輩が優秀な後輩を多少の暴力的手段で教育したとしても「ごっつあんです」と礼を言わなければならないらしい。

■「働き方改革」で払拭を

筆者の身辺で観察した実例を挙げると、日本の一流大学卒業生で修士号を持つ学生が、英語と経済学の能力を買われて一流の経済研究所に就職した。ここでの仕事は、毎日の米国経済の動向を、現地の報道や主要メディアの記事を読みこなして報告書を作成して翌日の朝までに上司に提出する作業であった。米国の朝9時から始まる報道は日本の午後10時～11時にスタートする。終わるのは明け方で、報告書の作成が完成するのは早朝までかかり、睡眠時間は2～3時間が続くこととなった。このままでは過労死だ、との自覚から、この研究所を辞める決断をした。

こうした非人間的な作業を強いる慣習は医療の現場でも見られる。電通の過労自殺事件が起きた折に、著名な医科大学の教授が、「この事件はわれわれにとっても強烈な反省材料になった」と筆者に洩らしたことがある。

ともあれ働き方改革法案で、この日本の悪いイメージを払拭してほしいものだ。

佐　『静岡新聞』「論壇」２０１８年2月20日

9-8　スルメイカと和食文化の発展

■世界的ブーム、不漁招く

約60年前、日米両政府による留学制度のフルブライト奨学生として渡米した当時（昭和32年＝１９５

7年）、われわれ日本人を悩ましたのは、魚料理（特に刺し身）なしの肉中心の食生活であった。それでも、米東海岸のジョンズ・ホプキンス大学（新渡戸稲造や野口英世などが学んだ名門校）に留学していた博士号過程の日本人先輩からの「刺し身として食べられる魚」のリストを受け継ぎ、週1回程度日本人留学生が集まり、日本食パーティーを楽しんだものだ。

一部の米国人は、カキやハマグリなどを生食する習慣があったが、マグロやタイなどを生で食べるのは野蛮だと考えられていた。日本人が好んで食べたこのリストの中の魚は、地元では「ポーギー」と呼ばれるクロダイの一種であった。だが、現在資源不足で問題視されているイカを食べた記憶はない。米国で日本食ブームが起きたのは、それから約30年後の80年代の後半からである。東部のインテリを自認するアイビー・リーグ校の教授たちが、心臓病を予防するには、魚中心の食生活、特に刺し身がベストとの科学的根拠に基づいて、日本食の信者になっていった。この傾向が米国全体のインテリ階級に及び、やがてそれが世界に広がるきっかけとなった。

だが、海のない米大陸の南部や中西部出身の人々は、体に良いとわかっていても、急には生魚にはなじめず、「刺し身は苦手だ」と遠慮がちに言って肩身の狭い思いをするようになった。60年前には想像もつかない米国人の中に起きた意識革命である。ちなみに、東部出身のトランプ大統領は肉中心で、昨年の訪日の際にも昼と夕食の両方に肉料理を用意した、と報道された。魚好き、との話は聞いたことがない。

2013年に「和食」がユネスコ無形文化遺産に登録されて以来、和食ブームは世界的現象になっている。だが、これによって起きた資源問題とは、魚資源の減少なのである。特に、スルメイカの漁獲が最低を更新し、その価格は25％も急上昇した。農林水産省が発表した昨年の漁業・養殖業生産統計によると、スルメイカのほかにサケ、サンマも半世紀ぶりの不漁であった。

■資源管理、日本が先頭に

サンマやスルメイカに代表される庶民のサカナの供給面の問題としては、水温の異変や、日本以外の国（例えば北朝鮮など）による乱獲が挙げられる。また、ニホンウナギの稚魚（シラスウナギ）は絶滅危惧種で極度の不漁が続いている。

この夏のウナギがさらに値上がりするのは必至で、かば焼きはますます食卓から遠ざかると予想されている。

養殖によって供給量を増やす、という考え方もあるが、養殖用の餌料は、小魚やイワシ、サバなどの庶民の魚であるから天然資源の庶民の魚が減れば養殖も難しくなってくる。もちろんクロマグロの養殖には大豆やトウモロコシのような植物性の原料を使う研究も行われているが、魚食性が強いので問題が多いとされている。

日本人として、世界に愛される「和食」は誇らしいが、海からの贈りものも、貴重な限りある資源である。日本が先頭に立って資源管理の任務を果たすことが、和食文化の発展につながる。

佐　『静岡新聞』「論壇」２０１８年5月22日

9-9　和食ブームと再生可能な資源

■ユネスコ無形文化遺産への登録

年々増加する外国人観光客が、日本で楽しみにしているのが「和食」である。和食は2013年に国連教育科学文化機関（ユネスコ）無形文化遺産に登録された。「食」分野では仏、地中海、メキシコ、トルコの料理に次いで5番目の登録である。

日本人の伝統的な食文化である和食は、次の4つの特徴を持っていることで世界に認められた。①多様で新鮮な食材とその持ち味の尊重②栄養バランスに優れた健康的な食生活③自然の美しさや季節の移ろいの表現④年中行事との密接な関わり、である。

国際宇宙ステーションに滞在していた宇宙飛行士の金井宣茂氏が、6月3日、半年ぶりに地球に帰還した時の第一声は「おいしいご飯とみそ汁が食べたい」であった。約60年前、日米両政府による留学制度のフルブライト奨学生として渡米した当時、われわれ日本からの留学生の最大の悩みの種は、日本食の欠如、特に新鮮な魚なしの肉中心の食生活だった。

和食が文化遺産に登録される、などとは当時日本人の誰も考えが及ばなかった。米国東海岸のジョンズ・ホプキンス大学（新渡戸稲造や野口英世などが学んだ名門校）に留学していた筆者は、大学院博士課程に学んでいた日本人先輩からの「生食可能の魚リスト」を受け継ぎ、週1回程度日本人留学生が集まり、日本食パーティーを楽しんだものだ。

当時、一般の米国人は、マグロやタイなどを生で食べるのは野蛮だと考えていた。日本食が米国でブームとなったのは、それから約30年後の１９８０年代の後半からである。東部のインテリを自認するアイビー・リーグ名門大学の教授たちが、心臓病の予防には魚中心、特に刺し身がベストとの科学的根拠に基づいて、日本食の信者になっていった。和食が世界遺産として登録された第２の特徴、栄養バランスに優れた健康食に早くも気付いたわけである。

この傾向は米国全体のインテリ階級に及び、やがて世界中に広がることとなった。だが海のない米大陸の南部や中西部出身の人々は、体に良いとわかっていても、急には生魚になじめず、「刺し身は苦手だ」と遠慮がちに言って、肩身の狭い思いをするようになった。筆者の博士課程の大学院生の一人は、米中西部のワイオミング州出身で、「地元では朝食から肉を食べていたし、魚料理など、東部の大学に来るまで見たこともなかった」と言っていたが、これは決して誇張ではない。

■漁獲量の減少にどう対処するか

和食ブームが世界的現象になっているその半面で、魚資源の減少という深刻な問題が浮上している。その特徴的な現象は、サケ、サンマ、スルメイカなどに代表される庶民の魚の漁獲量の減少である。特にスルメイカは、昨年その漁獲量の最低値を更新し、価格は急上昇した。今年、北海道でのスルメイカ漁の解禁が報道されたが、昨年よりも少しではあるが漁獲量は増えたらしい。

こうした庶民の魚の供給面の問題の原因としては、水温の異変や、日本以外の国（例えば北朝鮮）による乱獲が挙げられる。養殖によって供給量を増やす、という考え方もあるが、養殖用の餌料は小魚やイワシ、サバなどの庶民の魚であるから、天然資源の魚が減ればその養殖も難しくなる。クロマグロの養殖には、大豆やトウモロコシのような植物性の原料を使う研究も行われているが、魚食性が強いので問題は解決されていない。

よく食生活の嗜好は3歳までに決まる、と言われるが、秋田県人としての筆者のハタハタやカスベへの嗜好は、満たされない願望として米国滞在中の筆者を悩ませたものだ。現在、ハタハタ漁獲減少で価格も高騰し、ハタハタ自体が高級魚になりつつある。

世界に愛される和食は誇らしいが、特に海からの贈り物の食材は、他の資源と同様に有限であることが明白となった。これを、日本が率先して再生可能な資源とすることが、和食の発展には不可欠であろう。

佐 『秋田魁新報』「時評」2018年6月7日

9-10 ふるさと納税の問題点

■定着しない寄付の概念

ふるさと納税の返礼品のなかには、「ハワイのホテル宿泊券や都内の料亭の食事券」などがあり、日本人の常識を疑う、との外国人からのコメントを耳にする。そもそも、寄付金に物質的な返礼品を与える制度は外国ではあまり聞いたことがない。

だが、寄付の概念が定着していない日本社会では、特に贈答品のやりとりが盛んな文化を持つ日本では、仕方のない策なのかもしれない。

戦後の長い間、先進諸国に見られる社会的貢献の精神の発動として、返礼なき寄付金や無報酬のボランティア活動が日本では欠落していた。しかしながら、最近になって、災害時にみられるボランティア活動の方は、西欧社会と比べても恥じない水準にまで盛んに行われるようになってきた。最近山口県で起きた2歳の行方不明児を救出した尾畠春夫氏の行動などは、米国ならばさしずめ国民栄誉賞ものだろう。

さて、ふるさと納税に戻ると、この制度は2008年に、大都市の税収を財源の乏しい地方に移して、地域の活性化につなげる目的で創設されたものである。いわば地方税の再分配制度である。故郷や応援したい自治体に寄付をすると、自己負担の2千円を除いた金額が寄付者が居住する自治体の住民税から差し引かれる制度である。米国ならば話はここで終わる。

ところが日本の場合、寄付を受けた自治体は、日本的慣習と称して、返礼品を寄付者に贈ることを考え出した。本来ならば、感謝の印としてその地方の特産品をお礼として送る程度にすべきところを多額の寄付を得るため、高額な返礼品を用意する自治体が現れ、自治体間の競争がエスカレートしてきた。

そこで、野田総務相は、返礼品を寄付額の30％以下の地場産品に限定し、違反した自治体はこの制度から除外して、寄付しても優遇措置を受けられなくなる、との法改正を表明した。

■返礼より名誉尊ぶ欧米

なにしろ昨年度の寄付総額は、前年度比で1・3倍に増加し、3653億円にまで膨れ上がったのである。昨年度に全国最多の約135億円を集めた大阪府泉佐野市は、その金額を台風21号の災害対策に利用したとしている。その意味で、ふるさと納税制度は、確かに自治体間の資源配分に貢献している。同時に、寄付者側の立場からは、本来無償で寄付すべきところ、高額な返礼品をもらうことで、寄付した金額の免除と返礼品の二重の恩恵を受けることになるので「楽しみが増えた」との反応があるのも事実である。

欧米の納税者がすべて利他主義で寄付を行っているわけではない。例えば、米国では、自己責任で、教会などへの寄付は領収証なしでも申請可能である。また、大学や公共施設への多額の寄付に対しては、半永久的な寄付者の名前が記録としてビルなどに刻まれる（東大の安田講堂のように）。少額の寄付でも、校舎の階段や教室に寄付者の名前を付けることで、報いようとしている。寄付行為に関しては、日本的なモノの返礼よりも名誉を尊ぶのが欧米文化である。しょせん、人間は寄付行為といえども何らかのリターンを求めるからである。

『静岡新聞』「論壇」2018年9月18日 佐

9-11　外国人労働者と移民政策

■家族帯同容認する分野も

外国人労働者の受け入れを拡大する改正入管難民法が成立した。深刻な人手不足に対応するための新しい措置ではあるが、従来は認めていなかった外国人労働者の、（1）単純労働分野と（2）熟練分野への受け入れを可能にするものである。これは、日本の外国人労働者政策の転換であり、ひいてはその政策が新しい移民政策への入り口となる可能性すら含んでいる。

この法改正によって、向こう5年間日本に働きに来る外国人の数は現在の2倍になる、と予想されている。そして本人だけではなく、家族も同伴できる熟練した技能を持つ（2）の「新しいカテゴリー」に属す人たちは、事実上永住も可能となる。政府は、今回の措置を外国人労働政策の転換と呼んでいるが、今後、移民政策の転換ともなり得る。

その理由は、「新しいカテゴリー」に属する人たちは配偶者や子供などの家族の帯同が認められるので、そうした人々を対象に日本の永住権取得を可能にするように日本政府が法律を変えれば、こうした人々は直ちに移民のカテゴリーに入る。つまり今回の改正はまさに移民改正法の入り口となるのである。日本は移民政策後進国と揶揄されている。純粋な移民政策ではなかったが、現在の日韓の関係を悪化させている徴用工問題などは、これを例証するものである。筆者の海外生活50年の経験から、特に米英独の移民政策を簡単に述べてみよう。

大ざっぱに言えば、移民政策には二つのカテゴリーがある。その一つは「多文化共生型」であり、もう一つは「社会統合型」である。前者は主として英・米、豪州などで見られる社会思想であり、後者は独、仏などの移民政策の特徴とされている。日本はこの分類では前者に属する、とされてきた。

■同質性と多文化共生の道

「多文化共生型」は米国のように、移民の母国の文化を尊重し、その言語をも大切にすると同時に米国の文化に同化しようとする。ニューヨークなどでは、英語と並んでスペイン語がヒスパニック系移民のために公用語のように使われている。しかしながら、ミシガンの友人によれば、トランプ大統領が反対するイスラム教の人たちは英語を習得しようとせず、自分たちだけの小国を米国内につくろうとしている、と批判の目を向けている。トランプ大統領の出現は、多文化共生型の移民政策の失敗の証左である。

社会統合型の移民政策では、移民に言語や社会習慣までも新しい国のものに同化させることを求める。戦後ドイツがこの政策をトルコ人に強要したことで評判を落としたが、ナチスへの反省からメルケル政権は移民政策を緩やかなものにした。しかしそれが現在ドイツの右派を刺激し、メルケル政権の弱体化につながっている。

今回の外国人労働者政策の転換は、好むと好まざるとにかかわらず、日本の移民政策と連動している。

日本が今後移民先進国の欧米諸国が遭遇している人種問題を経験することは必至である。グローバル化と人口減少に悩む日本が、「同質性」を重視しながら「多文化の人々と共生」する道を真剣に検討することは決して早すぎない。

佐

『静岡新聞』「論壇」２０１８年12月11日

9-12　新紙幣発行とキャッシュレス化

■「現金払い信仰」強い日本

日本政府は、２０２４年に千円、５千円、１万円の紙幣を一新する、と発表した。04年（平成16年）以来20年ぶりである。新紙幣の表の図案は、１万円札が渋沢栄一、５千円札が津田梅子、千円札は北里柴三郎になる。２千円札はほとんど流通していないため切り替えない。新紙幣には世界初の偽造防止策が採用される。

日本人の「現金払い信仰」を変えて、キャッシュレス社会への転換を図ろうとする政府が、ここにきて紙幣を一新すると発表したことに矛盾はないだろうか。新紙幣の発行によって、キャッシュレス化がますます遅れるのではないか。何しろ、日本のキャッシュレス決済の比率は20％以下で、韓国の約90％や中国の60％などに比べてケタはずれに低い。政府は来年までにこの比率を現在の２倍の40％を目指す方針としているが、消費者も事業者もあまり積極的ではないようだ。

先進国の中で、米国のキャッシュレス化は約50％、イギリスは70％、フランスは40％となっているが、ドイツは日本よりも低く約16％である。常識的に言って、新紙幣が発行されると、新紙幣に対する需要が増え、その分だけキャッシュレス化が遅れるとされている。少なくとも米国などでは、長い間、紙幣の図案（人物像）を変更していない。

米国における紙幣の歴史を簡単に述べると、イギリスの植民地であった1690年に、現在のマサチューセッツ州のもととなったマサチューセッツ湾植民地当局が、欧米の政府機関としては史上初の紙幣を発行した。独立後、各種の紙幣が発行されたが、現在の人物像は1ドル＝ワシントン（初代大統領）、2ドル＝ジェファーソン（第3代大統領）、5ドル＝リンカーン（第16代大統領）、10ドル＝ハミルトン（初代財務長官）、20ドル＝ジャクソン（第7代大統領）、50ドル＝グラント（第18代大統領）、そして100ドル＝ベンジャミン・フランクリン（建国時代の政治家・発明家）である。

2ドル札のジェファーソン紙幣は、米国独立200年を記念して1976年に発行されたものだが、あまり流通していない。不運に見舞われる、との奇妙な言い伝えがあるから、とも言われている。2ドル札以外のその他の紙幣については、筆者の滞米中の約50年以上も人物像は変わったとの記憶がない。従って、日本のように、紙幣の人物像を変えることでキャッシュレス化へのマイナス効果はなかった、といって良い。

■消費者に転嫁される費用

日本で最初の紙幣は、江戸時代に伊勢商人の間に使われた「山田羽書」とされている。明治14年（1881年）に初めて神功《じんぐう》皇后の肖像が使われた。戦後の昭和時代には、昭和21年、23年、25年、32年、33年、38年、44年、51年、59年と頻繁に紙幣の刷新があり、前述の平成16年（2004年）に現在の人物像の図案（例えば昭和59年以来使われている福沢諭吉の1万円札）となった。

新紙幣の発行は、キャッシュレス化を遅らせるリスクの他に新紙幣発行のコストや銀行のＡＴＭ、自販機の改修などの直接費用の増加につながる。民間機関による総費用の推計は1・6兆円とされるが、銀行や事業者にとっては大きな負担である。これを「経済効果」と呼ぶかは別として、この費用はやがて消費者に転嫁されることは間違いない。

佐 『静岡新聞』「論壇」２０１９年４月16日

9-13　年金制度に未来はあるか

■2000万円不足問題の衝撃

老後の資金が2千万円不足する、とした金融庁審議会の報告書が問題となって以来、国民の関心は、年金や資産運用などに向けられている。

先週、日本政府（厚生労働省）は公的年金の長期見通しとして、5年に1度試算する財政検証の結果を公表した。同じく、内閣府も、試算や貯蓄についての国民生活に関する世論調査を公表した。

まず、内閣府の調査結果を見ると、現在の試算や貯蓄について、「不満」「やや不満」と答えた人の割合は、計54・3％で、前年より2・1ポイント増えた。政府への要望としては、「医療・年金などの社会保障の整備」が最も高く、政府は年金問題に、これまで以上に政策力を集中させることが求められている。

次に、厚労省の財政検証によると、夫が60歳まで厚生年金に加入し、妻が専業主婦の世帯モデルについて言えば、引退後の給付水準は、2019年度には現役時代の手取り収入の61・7%となる。公的年金は、国民年金プラス厚生年金の合計であり、夫婦2人の国民年金の13万円と夫の厚生年金9万円の合計22万円が公的年金である。これは、夫の現役の平均手取り額35・7万円の61・7%である。つまり、引退後の年金は現役時代の6割強である。

厚労省の財政検証は、今後の日本経済の成長率、生産性、物価、賃金などの上昇率や、年金の運用利回りなどの変化に従って、六つのケースを試算している。このままでは、いずれの場合でも、引退後の年金は現在の手取り平均の6割強よりも悪化し、約30年後には現役時代の半分以下になると危惧されている。もっとも、年金の開始時期を遅らせて75歳まで働くことにすれば、年金は現役時代の手取り額よりも多くなる（114・3%）との試算も示されている。

老後の資金2千万円不足問題が起きた時、大方の人々は、公的年金だけで老後の生活を賄うことは容易ではない、と衝撃を受けたに違いない。だが、年金制度が完備されている国の一つと考えられている米国においては、公的年金は老後の生活費の40%を満たせば満足、との認識が一般的である。米国の場合、日本の国民年金と厚生年金を合わせた制度である「ソーシャル・セキュリティー・システム」と呼ばれる公的年金制度がある。

■健全な「私的」拡充欠く

現役時代に10年間働き、労使がそれぞれに給与の6・2％を積みたてると、65歳になれば年金を受け取ることができる。長く積みたてればその額も増える。米国の場合、日本のモデルケースのように、妻が専業主婦であっても、夫に年金をもらう資格があれば、妻は原則、夫の年金額の半分を受け取ることができる。夫婦の最低年金額は約20万円である。30年以上働いた夫の場合は40万円となる。

米国の場合、公的年金は老後の生活費の約40％と前述したのは、私的年金が残り60％を賄う制度が確立しているからである。確定拠出年金（企業年金、「ｉＤｅＣｏ」など）から60万円支給されれば、老後の１００万円の生活も可能である。これまでの日本の年金政策には、米国のような健全な私的年金制度の拡充が欠如していたのである。

佐

『静岡新聞』「論壇」２０１９年９月３日

9-14　ボランティアとふるさと納税

■「サービス精神」の発揚

度重なる台風の被害を受けて、日本の各地での災害ボランティアの活動が毎日報じられている。水に浸った家財道具の運び出しや、泥のかき出しなどの作業が、被災者から深く感謝されている。

ボランティアという奉仕活動が日本に定着したのは、欧米社会に比べて、比較的最近のことである。

ボランティアの語源は、聖書の「ヴォルンターテ（自ら進んで）」から来たとされる。日本におけるボランティアとは、自発的に他人・社会に奉仕する（サービスをする）人または活動を意味している。米国などでは、昔は、定年退職者や高齢者の社会参加の一環として、学校や障害者、そして引きこもりの児童などを無報酬で援助することから始まった。だが最近では、州によって、高校生・大学生の時期に、5千時間ボランティア活動をすると、就職時に有利なプラスの評価を受けるケースもでてきた。

１９９５年の阪神・淡路大震災後、約１４０万人のボランティアが全国から駆けつけたことから、この時期が「ボランティア元年」と呼ばれるようになった。東日本大震災では、１０２万人のボランティアが参加し、その後も地震や水害などが起こるたびに、被災地でのボランティアによる救助活動は、日本中に広がるようになっている。このような「サービス精神」の発揚は、日本のシンボルともなった。

こうしたマクロ的な活動を、さらに印象づける出来事は、昨年8月に山口県で2歳児を救助したボランティア尾畠春夫氏のミクロ分野での活動が、日本におけるボランティア活動を一段と高いレベルに押し上げた。日本人が昔から持っている滅私奉公の精神の発揚が、現在のボランティア活動となって具現したといえる。

■「モノ」への執着心露呈

一方、本欄でも以前指摘したが、本来ボランティア精神を発揮させるべきものとして設立されたふるさと納税制度は、日本人の「モノ」に対する執着心を露呈する制度になってしまった。ふるさとに対する感謝や愛着を表すために、寄付をすれば、現在居住する地方税がその分だけ免除される制度は、税収の少ないふるさとを助けるボランティア精神と見ることができる。だが、ふるさと納税制度に「モノ」という返礼をつけたことで、日本人の滅私的な精神が「物欲」に変わってしまった。日本人の「御礼」の精神が、寄付をすることで居住する地の地方税が無税となった上に、牛肉やコメそしてギフト券などの返礼品がかえって来る一種のもうけ話になってしまったのである。

日本人には「サービスはただで、形のあるモノの方が価値がある」との思いこみがある。米国で、筆者自身、弁護士に電話相談をした折、10分ごとに約5千円の料金がかかると告げられた。それでも必要な法的サービスを受けた経験がある。

このような米国のケースは極端かもしれないが、経済発展とは、モノからサービスへの変換の歴史である。米国の例をまねる必要はないが、日本のボランティア・サービスがGDPの中に確実に加算される制度に変わることが求められる。

佐　『静岡新聞』「論壇」2019年10月22日

9-15　外国人が見る日本の都市と地方

■都会のハードは良くなった

久々に来日した米国の翻訳家の友人が観察する日本の都会と地方との相違点は興味深い。この友人はハーバード大学出身で日本語の読解力は日本の文学者レベルである。

「東京のハードは良くなったが、ソフトはわからない。一方、地方のハードは確実に劣化している。だが、地方のソフトは昔のままで、グローバル化の悪影響は受けていない」。これが、この友人が下した日本の都会と地方の比較評価の要約である。

日本人も今では、一般的な日常の用法として「ハード」と「ソフト」なる言葉を使っている。ハードは「形のあるもの」、ソフトは「心理的に感じるもの」に対する表現である。これらの表現は、本をただせば、1980年代に政治・経済・国際関係を表す用語として使われ始めた。

筆者がハーバード大ケネディ行政大学院で教えていた時の学長であったジョゼフ・ナイ教授は、国際政治や外交問題で「ソフトパワー」の表現を最初に提唱した人物である。1980年代には、米国衰退論が幅を利かせていたが、これに異を唱えたナイ教授の著書で、この言葉が最初に使われた。軍事力や経済力のような「ハードパワー」に対して、ソフトパワーの源泉は、「文化、政治的価値観、政策」の三つが持つ魅力である、と主張した。

■地方に生きるソフトパワー

さて、米国の友人によれば、東京は、建物や交通網といったハードの部分は、オリンピックを控えて一段と整備され国際都市並みになった。東京は世界の大都市に比べて遜色のない都市になり、清潔さにおいてはナンバーワンだ、と言っていた。

一方で、地方を回った感想としては、バブル時代に繁栄していた地方の建物が廃虚のような姿をさらしていた。時には雑草の茂る荒れ地になっていた。明らかに地方のハードは都会のハードと比べて劣化した。一言で言えば、ハード面に関する限り、バブルの後遺症は大都会ではほとんど消滅しているのに対し、地方ではいまだに患っている、と言っていた。

次に、ナイ教授のソフトの定義よりも広い意味を持つ「心理的に感じるもの」としてのソフトの面から都会と地方を分析すると、東京はますます、世界の大都市と同様に「他人に無関心」な都市に変わってしまった。その意味では、東京のソフトは劣化したのである。これに比べると、「地方の心」は依然として、温かく、昔ながらの日本のソフトの優しさが、この友人に示されたというのである。

ここまでの観察はわれわれ日本人が日常、体験したり感得したりしたことと大きく異なってはいない。だがこの友人は、以下の2点において看過しがちな日本人の心理を指摘した。

第一に日本人は自信を喪失している。特に、都会においてその傾向が顕著だ。その証拠に、日本人はスポーツの分野でも海外で優勝または好成績を収めた選手のみに、一時的に熱狂し陶酔している。日本人の自信喪失のこの側面として隣国韓国とのいざこざも指摘された。考えてみれば、バブル時代の通信・ハイテクでトップを自認していた日本が、韓国の飛躍的発展で、時には下請け的立場に甘んじざるを得ない状況に直面している。

第二の点として、特に都会にまん延しているのは、米国のバレンタイン、ハロウィーンなどの物まねで商業主義に踊らされている人たちの姿である。こうした欧米の伝統的な宗教に結び付いた行事を、意味も知らずにバカ騒ぎの手段にしている日本人は米国の友人が愛したかつての日本にはいなかった。他方、伝統的な地方の営みにおいては、古き良き日本のソフト・パワーが今でも生き続けている、とこの友人は述べていた。

9-16　緊急対策と日本的後進性

佐　『秋田魁新報』「時評」2019年12月7日

■対応遅れる4つの理由

リーマンショックやコロナショックなどが起きると、世界各国の対応の違いが顕著に現れる。そこには、国の制度の違い、人々の伝統的な思考体系の相異点、技術水準、そして決定的な要因としての経済力の差がある。

国家体制の違いに関しては、民主主義国家VS独裁主義国家の功罪の議論として、独裁主義国家の中国の武漢で、コロナショックを封印することは、民主主義国家の都市ニューヨークで、コロナ対策を行うよりも容易かつ効果的であることは周知の通りである。もちろん、これをもって、独裁主義が民主主義よりも優れている、と言っているわけではない。

ここでは、日米や欧州先進諸国の中で、一人当たりの経済力に大差のない民主主義国家の間にも制度の違いによって、コロナ対策に大きな差異のあることを指摘したい。特に、日本の現金給付などを含む緊急経済対策は、米国やドイツ、スイスなどに比べて比較にならないほど遅れている。そこには幾つかの理由がある。第一に、日本の世帯主制度、第二に、サインではなく捺印・押印制度、第三にＩＴ技術の遅れ、そして第四に岩盤規制が挙げられる。

第一の点で、米国では、夫婦（あるいはパートナー）が一家計単位とされている。したがって、夫婦の収入の合計が税金の対象である（夫婦の収入を別々に管理しているか否か、は問題ではない）。これが日本の制度との根本的相異点である。日本の制度は、伝統的に世帯主の男が収入を得て、妻は収入がなく、扶養家族の一員として扱っている。したがって、妻が収入を得た場合には、夫とは別に納税対象となる。

米国のように夫婦合算の収入が課税対象になっていれば、今回日本政府が決めた30万円の現金給付の問題は直ちに解決される。安倍首相が1世帯当たり2枚のマスクを送付する代わりに、1世帯当たり、例えば、50万円を臨時に支給し、年末調整時に富裕層やその他の高所得の人が政府にこの臨時所得を返還すれば良い。この制度を使えば米国やドイツ、スイスのように、日本でも、コロナショックで困窮している人々が現金を手にすることができるであろう。日本の課税制度の後進性が、緊急対策時のボトルネックとなっている。

ちなみに日本の医療費の自己負担の問題では、夫の一時的な収入増によって、1割から3割に引き上げられた場合に、妻の所得がゼロであっても自動的に妻の自己負担が3割に引き上げられるという、不合理な制度がある。

■捺印制度やIＴに課題

第二の点として、日本の捺印・押印制度が、不要不急の外出や企業への出勤を強要している。米国のように公証人が認めるサイン・署名制度と日本の捺印・押印制度の双方を利用可能にしておけば、有事対応に役立つ。

この問題は、第三のＩＴ技術の遅れとも深く関係している。米国のように、ＩＴとサイン制度が普及すれば、米大学のように日本でも大学を閉鎖する必要がなくなる。

第四の規制緩和に関して、米国や欧州などではコロナ対策の人工呼吸器を自動車メーカーも生産可能となっている。日本の自動車メーカーは医療機器規制法によって、緊急時でも支援不能である。日本はフシギな国である。

佐
『静岡新聞』「論壇」２０２０年4月14日

9-17　デジタル化を阻む日本の構造

■個人情報への異常な過敏性

米国の友人が「米政府は、コロナ禍対策として、１人１２００ドル（約12万8千円）の支給を発表してから約1カ月以内に、こちらからの申請なしに、預金口座への入金があった」としきりに感心していた。選挙目当てともとられるような、トランプ大統領からの通知は、しばらく後から配達されたようだ。

これに対し、日本のコロナ禍対策の1人10万円の支給ではオンライン申請で大混乱が生じた。国と自治体の間で情報の共有がなく、デジタルの後進性が露呈した。菅新首相は「デジタル庁」を創設し、各省庁内の関連組織を一元化し、強力な司令塔機能を持たせる、と発表した。果たしてこれによって日本のデジタル・トランスフォーメーション（DX）は、国際水準に追いつくことができるだろうか。

日本には、伝統的に、あるいは社会制度上の三つの問題がある。その一つは、「本籍地と現住所」の問題。第二は、税制度で、第三は異常とも思われる「個人情報への過敏性」である。

まず、第三の問題について言えば、一般市民は、戦時中の秘密警察などによる個人への不当な取り扱いの後遺症ともいえる不信感を、政府に抱いている。もう一つは、オンライン申請に必要な個人に与えられた番号を「マイナンバー」と呼ぶことそのものが問題である。つまり、日本人には、個人に事務的に与えられた番号を、特別な意味を持つ個人情報として秘密にしようとする奇妙な感覚がある。

マイナンバーと呼ぶこと自体が、個人の特別な所有物のマイカーに等しい感覚で異常なのである。もしも、マイナンバーの代わりに本籍や現住所を数値化して使用する制度であれば、マイナンバーのように隠しだてをすることはなかっただろう。なぜならばこの二つは日常的に抵抗なく提示しているからである。

■ナンバー普及が遅れる原因

第一の、本籍と現住所の問題にかえると、日本では本籍は、国籍を証明する制度から来たものだ。米国では戸籍制度がないが、その代わりとして、出生証明書を使う。オバマ大統領時代、オバマ氏を米国市民ではない、と主張し続けた当時の不動産王トランプ氏に対して、オバマ氏はハワイ州で取得した出生証明書を示して黙らせた。

第二の税制度について言えば、日本の特殊性が、マイナンバー制度の遅れの原因となっている。米国の「社会保障番号」が日本のマイナンバーに当たるが、税金の支払いと年金の受給に必要な番号である。外国からの留学生にも与えられる。このナンバーなしでは、留学生たちはアルバイトや運転免許証の取得、そして銀行口座を開くこともできないのである。

日本の税制度は、有価証券（株式や社債その他）からの所得を、いわゆる勤労所得と区別しているところに問題がある。また、日本は、社会生活上家族を中心とする制度であるにもかかわらず、税制度では米国とは異なり、夫と妻の所得を合算して扱わない。日本のマイナンバーが普及しない最大の理由は、個人が持つ銀行その他の金融機関の全ての口座やへそくりの口座まで政府の手が不当に及ぶことを恐れるからである。

佐

『静岡新聞』「論壇」２０２０年9月22日

［第4部］

大学での教育、社会で活きる経済学

第10章 大学教育のあり方

10-1 国際競争に勝つ大学とは

■大学のランキングを上げるには

日本の大学の国際競争力を高めるため、文部科学省が「スーパーグローバル大学」に37の国公私立大を選んだ。その中には秋田県の国際教養大も含まれている。

英誌「タイムズ・ハイヤー・エデュケーション」の今年（2014年）の世界ランキングによると、日本の大学で100位以内に入っているのは東大（23位）と京大（59位）のみである。今回の政府の意図は、今後10年間で100位以内に日本の大学10校が入るための資金援助である。

米国のアイビーリーグ校をはじめとする有名大学は常に10位以内に入っている。日本とは何が違うのか。まず第一に資金力の差が挙げられる。国内総生産（GDP）第1位の米国は教育に多額の資金を投入している。連邦政府や州政府からの公的資金のみならず、ひも付きではない寄付金が米国内外から集まってくる。

例えば、バブル時代の日本企業は米国の大学に多額の寄付をすることで存在感を示そうとした。「○○会社寄付講座」の名称を付けたいわゆる冠講座を米有名大学に設置した。ハーバード大やニューヨーク大には現在もこれらの冠講座が生きている。

第二に教授陣の質の問題がある。これらの冠講座は、優秀な学者を世界から集めるのに大きな役割を果たしている。冠講座教授には破格の給料と研究費が与えられる。直属の研究所の所長職を兼任し、助手などのスタッフが教授の研究を補佐する（筆者もこの名誉にあずかった）。

米有名大学には各分野にノーベル賞級の学者が多数在籍しており、ニューヨーク大には経済学部だけでも3人のノーベル賞学者がいる。これが第三の相違点で、優秀な学生が全世界から集まってくる理由である。

一にカネ、二に先生、三に学生ということになる。大学の設備も極めて良い。経営大学院内には通常、上質のカーペットが敷かれているほどだ。第四に、日本ではあまり知られていないが、米大学の入学選考基準は極めて柔軟である。某誌によれば、中国の習近平主席の娘が今春ハーバード大学を卒業したとのこと。優秀な学生であったろうが、多くの米有名校では著名人の子弟の受け入れを、暗黙裏にPR的役割に使っている。

アイビーリーグ校ブラウン大にも、筆者の在籍中にカーター元大統領の娘や、エリザベス・テイラーの再婚相手の娘が入学してきた。ブッシュ元大統領一族は代々、エール大を卒業しており、ケネディ一族はハーバード出が多い。

■日本独自の方策を

多額の寄付関係者の子弟は入学審査時に有利に扱われる。バブル時代の日本企業も多額の寄付で社員を米大学に送り込んでいた。ＧＤＰ第2位に浮上した中国が、あの手この手で留学生を入学させ、今では中国人は米国で学ぶ外国人で最も多く、約３割を占めている。

つまり、入学選考に当たって米大学は、大学進学適性試験（ＳＡＴ）やその他の共通テストの上位から取るだけではなく、「柔軟な基準」を採用している。

この基準には州単位のバランスも含まれる。アイビーリーグ校に客観的な基準だけで入学させると、ニューヨーク周辺のユダヤ系の子弟が半分以上占めることになるという説もある。アラスカや南部諸州から数人を入学させることで、地域バランスへの配慮を示している。

筆者のハーバード大ケネディ行政大学院時代の20年間は、世界の多事多難の時代であった。石油ショック、日本のバブル、韓国経済の躍進などが挙げられる。

ある年、韓国中央官庁の高級官僚がケネディ行政大学院に入学してきた。驚いたことに、この官僚１人に若手の側近２人が付き添い、３人で講義に出席していたのだ。

日本の大学がグローバル化に成功する道は、米国モデルに倣うことではない。だが、第五の相違点として挙げられるのは、米大学が外国人学者を数多く迎えている点だ。筆者も米国のこの制度で活躍することができた。例えばハーバード大学は30％、英ケンブリッジ大学は40％に対し、日本は４％と比較にならない。

今回の文科省の計画は大いに歓迎したいが、政府がカネを出すだけで日本の大学が国際競争に勝てるわけではないのである。

佐　『秋田魁新報』「時評」２０１４年10月9日

10-2 有名大学合格者の出身高校偏重

■地方出身新入生が減少

大学の4月入学の新年度が始まって1カ月半が過ぎた。学生たちもそろそろ新しい生活に慣れてきた頃だろう。地方（秋田）出身の筆者にとって、最初の1、2カ月は無我夢中だったことを思い出す。だが、最近の傾向として、東京都内の有名校では地方出身の新入生の数が減少している事実がある。ここにも一極集中の弊害が出ているようだ。

大学通信などの調査によると、在京5大学（東大、東京工大、一橋大、早稲田大、慶応大）の合格者の72％が首都圏（東京都、埼玉、千葉、神奈川県）の高校出身者であった。これは30年前１９８６年の53％と比べると、約20ポイントの増加で、明らかに地方出身者にとっては合格が不利な現実を示すものだ。ちなみに、東海地方（愛知、静岡、岐阜、三重県）からの5大学合格者は、この30年間に12％から6％へと半減している。

これらの数字はわれわれに何を教えているのか。

第一に、高校生の受験環境は、塾やその他の受験援助機関は無論のこと、地方の高校と比べて首都圏の高校の有利性である。多くの場合地方では受験塾も少なく、首都圏の5大学への受験希望者数も相対的に少ない。

第二に、経済的負担の問題がある。地方では首都圏のように「〇〇大学合格者30名」などと宣伝しているいわゆる有名受験塾は少ない。こうした大手受験塾に地方の高校生が入るためには親に過大な負担がかかる。現に、首都圏での5大学合格者のほとんどが塾通いの体験者で、親の収入が平均的に中流以上であることが知られている。また、仮に地方からの合格可能な高校生でも、下宿などの費用負担を考えて受験を諦めるケースもあるだろう。

第三の点として、一地方（この場合は首都圏）からの学生で構成されている大学、あるいは大学の卒業生には「同質性の弱点」がある。つまり、似たような思考の集団には異なった思考を受け入れない、という弊害がある。また、革新的な行動規範を嫌い、保守化に陥る非イノベーション的傾向を持つ。これは最近のグループ・ダイナミックス理論の教えるところである。グローバル化時代の日本を支える教育理念としては、最も回避すべきものなのである。

■入試にも「革新」が必要

大学の受験合格者を、いわゆる点数のみで決定する手法は、公平性を重んじる日本では原則的に唯一の合格者決定方法と考えられてきた。しかしながら、前述の三つの問題点などを考慮すると、何らかの修正を加える必要があろう。

米国のアイビーリーグ校では数値的な合格基準の他に「出身者の地方バランス」の基準がある。例えば、アラスカ州のベストな受験生は合格させるなどで、ニューヨークのユダヤ系受験生の代わりに高い合格点を持つ地方出身者を入学させてバランスをとる。

その他、少数派などには別の基準がある。要は、多民族国家のメリットを生かす教育政策なのである。

日本では同質であるが故に受験数値以外の基準は不公平との反発もあるだろうが、グローバル化時代の人材育成には大学教育にもイノベーションが必要なのである。

佐 『静岡新聞』「論壇」2016年5月17日

10-3 日米大学入試の相違点

■「短期的」か「長期的」か

日本の大学入試も終わり、4月からの新学期に向けて、新入生たちは新しい門出に夢を膨らませていることだろう。

一方米国では、いまは、9月から始まる新学年への受験合格者が次々と発表される時期であり、6月に卒業する高校生たちにとっては最も緊張する時期である。

ここで米国の制度を改めて説明しよう。米国の新学期は、幼稚園から大学に至るまで、原則9月からスタートして翌年の5月か6月に終了する（少数ではあるが2学期の2月から入学も可能）。9月の入学を目指す高校生たちは、1月1日までに願書を提出しなければならない（特に優秀な高校生は、早期選抜で合格する場合もある）。つまり、9月の入学の9カ月前に願書を提出し、その合否決定時期が3月末のいまなのである。

また、日本との違いは、センター試験のような共通テスト（SAT）は受けるが、各大学が個別に行う筆記試験はない、点である。米国の入試は高校時代の成績に加え、社会奉仕やリーダーシップなどを含む課外活動を評価する「長期的業績」によって決まる。これに対して日本では一発勝負の筆記試験を中心とする「短期的業績」によって合否が決定される。日本人から見ると、米国で入学の9カ月前に願書を締め切る意味は理解し難いだろう。日本ならば9カ月もあれば受験勉強に十分な時間があると思うかもしれない。

この時期になると、日本のテレビは、「○○君が○○大学に合格したのはうちの塾のおかげだ」との広告を盛んに流す。つまり日本のような一発勝負の短期決戦では、高校3年間の優秀な成績でも志望校への入学には役立たない。これが日本制度の決定的欠陥である。

米国の制度が大学入試のベストとは言わないが、昔流に「読み書きそろばん」の知識の他に課外活動の重要性を強調することで、社会的意識を持った人材を選ぶことが可能となる。これに対して日本では、現状維持が社会的価値の源泉である。有名大学の新入生でも、「日本を変えて見せる」などの発言はあまりない。

■グローバル社会の中で

米国での50年におよぶ教鞭生活で多くの経験をした。例えば、ハーバード大やブラウン大といったアイビー・リーグ校の新人生による「大統領になるために大学へ入った」「世界一のイノベーターになる」「世界の貧困をなくす」などの誇大妄想的目標も聞いた。マイクロソフトのゲイツ氏やフェイスブックのザッカーバーグ氏のハーバード大の新入生時代の発言は知らないが、ハーバード大は彼らにとって

「小さすぎた」ので途中退学をしたのであろう。筆者のために特別講座を提供したC・V・スター氏は世界最大の保険会社（AIG）を創設したが、カリフォルニア大・バークレー校を中退した。

ともあれ、日本の入試制度を一発勝負の短期決戦から長期評価制度に変えなければ、グローバル社会で日本が世界に伍して行くのは困難である。

佐

『静岡新聞』「論壇」2018年3月20日

10-4　学費免除のNY医学大学院

■日米の制度に根本的差異

先週18日のNHKニュースは、「米名門私立大学の一つニューヨーク大学は、医学部（大学院）の600万円超の学費を全額免除する、と発表した」と報じた。日本の医学部入学の不正問題の報道を連日聞かされていた者にとっては、次元の違う良い話である。

まず、日米の医師になるための教育制度には根本的な差異がある。すなわち、日本の場合は、高校卒業後に大学の医学部に入学し、6年間の教育を受けた後に国家試験に合格して医師の資格を得る。だが、米国には学部レベルの医学部は存在しない。高卒後に大学に入学し、4年間の教育を受けて大学を卒業した後に医学大学院（メディカル・スクール）に入学する。その後4年間の医学の専門教育を受け、国家試験に合格して医師の資格を取る。つまり、国家試験を受けるために、日本では6年、米国では8年間の教育を要する。

冒頭のNHKニュースは、大学を卒業した後の医学大学院の授業料を免除する、というニューヨーク大学の英断を伝えたものだ。筆者は同校の経営経済の大学院で20年間教壇に立ったが、医学大学院の教授陣にも多くの友人を持っている。医学大学院は、世界中の医者志望の大学卒業生が受験するが、本年度の志望者は6千人で、合格者は102人にすぎない。現在大学院生は531人で、彼らの4年間の授業料が免除されることになる。

グロスマン大学院長によると、向こう10年間に必要な財源の約8割は、同窓生やその他の慈善家からの寄付ですでに確保されている、とのこと。同校の医学大学院は、USニュースの全米ランキングの第3位で、これだけの名門校での全学生を対象とした授業料免除は最初のケースである。

米国医学生協会によると、全米の医学大学院卒業後の86%の医師は、在学中の高い授業料の他に年間2万5千ドル（約280万）の本や生活費のためのローンで卒業時には多額の借金を抱えている。一つの推計では平均的に、その借金は約15万～20万ドル（1650万～2200万円）となっている。この返済のために、医療への道を諦めたり、高収入を得られる医療分野に偏ったりするケースが見られる。

■借金地獄の若い医師支援

この現象は明らかに医学の健全な進歩の妨げになっている。長期的に見れば若い医師たちを借金地獄から解放する今回の大学当局の決断は、「安い投資だ」と前述の大学院長は述べている。

日本の医学部不正入学問題に関連して言えば、米国の医学大学院への入学に不正が行われたという話は聞いたことがない。それは、大学卒業後に医学大学院の受験に必要なMキャットという共通テストの結果と、学部4年間にとらなければならない医学大学院入学のための必須課目（生物、物理、数学など）の成績が悪ければ、書類審査の段階で機械的にふるいにかけられるからである。

ただし、学部の専攻は、音楽、文学、美術などで、理系でなくてもかまわないが、前述の必須課目だけは優秀な点数をとっている必要がある。学部でリベラル教育を受けて医師になった人の方が幅広い人間に育つ、との見方が米国の医学界にあるからだ。

佐　『静岡新聞』「論壇」2018年8月21日

10-5　日本の大学入試事情

■瞬間的実力と継続的実力

この時期は、日本でも米国でも大学入試の結果が発表される。日本では昨年、息子を医科大学に裏口入学させ、局長が逮捕された文科省汚職事件をきっかけに、幾つかの不正ニュースが明らかとなった。最近米国でも名門大学への裏口入学に計28億円の賄賂を支払って逮捕されたセレブや富豪たちのニュースが大々的に報じられた。

日米で大学入試や制度の違いはあるにせよ、不正は完全に防ぐことはできないものなのか。まず、日米の入試制度の違いを述べると、第一に、日本は「瞬間的実力」のテストが主であるのに対し、米国は

「継続的実力」のテストに重点を置いている。第二に、日本の場合は、「客観的数値」テストであるが、米国の場合は数値テストの他に、「能力の多様性テスト」が行われる。そして第三に、日本では「暗記力」が求められるのに対し、米国では、「突出した能力」をも見逃すまいとしている。

同国の制度の差異をやや詳しく述べよう。日本では、共通テストや各大学が行う試験において、受験性の能力が点数で表されるから、数字の結果だけで合否が決まる。もしも体調が悪くてそのスコアが低ければ、過去にどの様に高成績を取っていても、一瞬にして不合格となる。日本の不正入試は、学校側が恣意的に受験生個人に加点したり減点したりする場合に起きる。冒頭の文科省汚職事件では、局長の息子に加点が行われ、女性受験者には減点が行われた、とされていた。

米国のケースでは、日本の共通テストに当たる、SATやACTテストは客観的数値で示されるので、高いスコアがないと有名校には入れない。今回米国で摘発された入試不正事件の一つは、ハーバード大出身のフロリダ州の進学高校入試担当部長リデル氏が賄賂をもらって受験生本人に代わってSATなどの共通テストを受け、高い点数をとった、と報じられている。

米国の入試制度は、こうした客観的スコアの他に、著名な高校での4年間の成績や、課外活動の有無、社会貢献度および、入学願書と共に提出する論文や卒業後の人生設計までもが各大学の専門の入学で入学試験官によって注意深く採点・評価される。これこそ瞬間的ではなく、「継続的能力」のテストである。

■名門校に人種別、地域別枠

米名門校には、人種別、地域別、スポーツ分野や大統領やその他の有力者たちに割り当てられた少数の枠があるとされている。その枠は一般には非公開で大学内でも入試に携わる一握りの人たちのみの知るところ、となっている。冒頭で述べた米名門大学への裏口入学事件で、2人の著名女優（フェリシティ・ハフマンとロリ・ロックリン）が逮捕されたことでメディアの関心を集めた。ロックリン氏の長女は有名校南カリフォルニア大学のボートレースの舵手の別枠で入学した。だが、本人にはボートレースの経験はなく、大学では有名化粧品の広告をしていたが、この事件で契約は解消された。

地域別の枠は、もともと、SATなどの客観的数値だけで選抜を行うと、東部アイビーリーグ名門校への合格者は、ニューヨーク出身のユダヤ系の学生によって独占される傾向があったために、全米での遠隔地への考慮で始まったものである。

佐 『静岡新聞』「論壇」2019年3月19日

10-6　国際競争と大学院教育

■修士や博士重要視されず

日本の大学で教壇に立っている学者たちの肩書は最近「…大学大学院教授」と書かれているものが増えてきた。これまでの「…大学教授」よりは一段と権威がある、とされている。一方で、日本の大学の大多数では「大学院」なるものが、ほとんどの場合付け足しで、重要視されていない、という明らかな矛盾を抱えている。

米国の例で言うと、「テニュア〈終身雇用権〉」が与えられる准教授および正教授は、当然学部と大学院の講義を受け持つので、「大学院教授」なる肩書などは存在しない。別に言えば、米国の大学の強みは、大学院のレベルの高さにあり、米国が世界をリードしているのは、大学院での研究が世界の最先端に位置しているからに他ならない。ちなみに、冠講座担当教授の肩書は、正教授の中からさらに選ばれた学者たちに与えられる。

日本では、大学院教授は存在するが、大学院自体が停滞しているのは、大学院修了生への需要が減っているからである。つまり、日本の大学院で修士号または博士号を取得しても、欧米諸国のように、特に給料や地位の点でそれほど優遇されることはないのが日本の実情なのだ。

米国、中国、EUの主要国、そして韓国などでは、過去10年間で、博士号取得者が急増しているのに対し、日本では、逆に1割以上減少したとされている。また、日本の一流大学の大学院の修士課程の定員数を満たすため、6割以上は留学生との統計もある（日経新聞2019年12月8日付）。

また、日本の企業には、専門性よりも人柄を重視する雇用慣行があり、「コミュニケーション能力」と称して「英語に堪能」などが評価されている。日本企業の学部卒の30歳前後の人材の平均年収は約420万円であるのに対し、修士・博士の大学院修了は約525万円で、その差は1・25倍である。一方、米国の修士の平均年収は763万円で学部卒の1・4倍、博士では915万円と1・68倍である（前掲日経新聞）。

■研究専念できる仕組みを

米国の大学における大学院の重要性について、世界のトップの大学として、マサチューセッツ工科大（MIT）の例を挙げると、学部が4600人、大学院生7千人である。ちなみに学部では、約半数の2200人、大学院では2500人が女性である。博士課程の学生のほとんどは、生活費として月額3千ドル（約33万円）、年間授業料5万ドル（約550万円）の奨学金を支給されており、研究に専念できる仕組みとなっている。博士号取得後は、GAFAなどのIT企業に入ると、年間20万ドル（約2200万円）の初任給が約束されている。これでは、日本で博士号を取得しても、人も企業も共にグローバル時代の競争には伍して行けない。

その他、アイビーリーグ校のハーバード大は、学部約7千人で、大学院1万4千人。エール大、コロンビア大その他名門大学も大学院生が学部の学生よりも多く、種々の経済的な支援を受けている。

「パンのみにて生くるにあらず」ではあるが、グローバル化時代といえども「学位のみにて生くるにあらず」との反論もあろう。とはいえ、資源不足の日本が学位のない人材で国際競争に勝てるとは考えにくい。

佐

『静岡新聞』「論壇」2020年1月28日

10-7　コロナ禍と9月入学論

■数少ない4月入学の国

新型コロナウイルスの影響による学校の休校が3月から始まり、新学期は1カ月余りが経過した。全国を対象とする政府の緊急事態宣言の延長に伴い、5月末まで休校を延ばす学校も増えている。

こうした中で、入学や進学の時期を4月から9月にずらす「9月入学制度」の議論が急浮上してきた。安倍晋三首相は4月29日の衆院予算委員会で「さまざまな選択肢を検討したい」と発言し、小池百合子東京都知事や吉村洋文大阪府知事らは9月入学制度賛成を表明している。

日本では、入学式といえば花咲く4月である。9月入学となると残暑厳しい中で感覚的に入学式と結び付かない。4月入学は日本文化だ、との主張から、9月入学に反対する立場もあるだろう。だが結論から言えば、筆者は9月入学に賛成である。その理由については後述するが、世界の主要国を見てみよう。

まず4月入学を採用している国は、日本とインドぐらいである。9月入学の主要国は英、米、仏、露、カナダ、中国などである。ドイツや北欧諸国は9月になると日が短いので、8月入学を採用している国が多い。日本の近代化が始まった明治時代、高等教育機関への入学は欧米に倣って9月であった。1886（明治19）年に発足した東京帝国大学（現東京大学）も入学、学年の始まりとも9月であった。この9月入学が消えたきっかけとなったのは、徴兵令が改正されたことに加え、教員養成のための教育機関（例えば筑波大学の前身である高等師範学校）が4月入学を採用したことなどが挙げられる。
国の会計制度はそれまで7月～翌年6月であったが、学校の年度と合わせて4月～翌年3月に変わり、現在に至っている。

■9月入学、三つのメリット

筆者の9月入学賛成論に戻ろう。米国で教鞭を執った50年間の経験から言えば、次の三つのメリットがある。第一に、小学校から大学・大学院までの児童生徒や学生が9月から翌年6月まで、短期間の休日を除いて連続的に教育を受けることができる。9月から12月までが1学期となり、正月前には学期が終わる。2学期は1月の小休止の冬休みの後から始まり、5月末か6月初旬に年度が終了する。6～8月は真の意味での「宿題のない夏休み」となる。これに対して現行の4月入学の場合は、始業から3カ月余で宿題が課された夏休みを迎えることになる。その後、秋の新学期が軌道に乗ったところで、年末年始の冬休みやセンター試験などの受験を、日常の学習と並行して行わなければならない。9月入学と4月入学では年間を通じて休日数に大きな違いはない。しかし9月入学の場合は、夏休みは完全に学業から解放され、それが9月から始まる新生活のエネルギー源となる。

第二のメリットは、教える側について言えば、自由な夏休みの3～4カ月間は学校行事から解放され、新年度に備えることができる。特に大学教授にとっては、この期間を利用して、新しい研究課題や学期中に手を付けられなかったプロジェクトを完成させることができる。

第三に、メディアが報じているように、日本の教育の国際化によって留学が身近なものとなり、企業も幅広く外国人に対応するようになるはずである。企業側は海外留学中の学生と国内の学生を同じタイミングで採用できる、といったメリットを挙げている。一言で言えば、グローバル化時代のスタンダードに一歩近づくことになる。

9月入学には確かにデメリットもある。学生にとっては卒業年度の後半が就職活動や国家試験の時期と重なる点や、会計年度と学業年度のずれが生じるなどの問題が挙げられる。だが、これらの問題は、法の改正によってマイナス部分を最小限に抑えることができる。

可能な限り、この9月から実施することが望ましい。来年の五輪と合わせて、との意見もある。ともあれ、百年に一度のコロナ・パンデミックを逆手に取って、日本にグローバルスタンダードを採用する機会がやってきた。

佐

『秋田魁新報』「時評」2020年5月9日

10-8 大学秋入学で質は向上するか

■グローバル化への対応

東京大学が、秋入学移行を検討しているというニュースが反響を呼んでいる。国際基準（グローバル・スタンダード）が日本の大学経営にも入ってきた。世界215カ国の7割は入学時期が秋であり、日本のような春入学はインドなど7カ国のみだ。

米国の秋入学制度を紹介しよう。まず「秋入学・初夏卒業」の制度は大学だけではなく、小、中、高の全ての教育機関が採用している社会的慣習である。大学の入試結果が4月に発表され、初夏の5月か6月の卒業後に長い夏休みを迎える。学生たちは9月まで、アルバイトや旅行など思い思いの生活を楽しむ、これが米教育機関の大ざっぱなカレンダーである。

一方、日本では昔から小学校などの入学時期は春だ。だが、大学は明治初期から秋入学の制度を採っていた。大正の末期になって大学も春の入学に移行した。こうして桜が満開の風景での入学式は、日本人のカルチャーの一部となってきた。今回の東大の提案は、大学の入学だけを秋に戻そうというものだ。

グローバル化時代に、日本の大学はいかにして競争力を高めるのか。英国の高等教育専門誌（トムソン・ロイター社）のランキングでは、1位カリフォルニア工科大、2位ハーバード大など上位10校中、米大学が7校、英大学は3校を占めている。東大は30位、京都大は52位で、上位200校中にあと3校（東工大、大阪大、東北大）の計5校と日本勢は芳しくない。

日本への留学生の数も少ない。学生に占める留学生の割合はハーバード大10％、ソウル大6％、北京大5％なのに対し、東大は1・9％にすぎない。秋入学の採用で留学生は増えるのだろうか。それほど簡単でないのが現実だ。

日本の大学教育の質の問題もあるが、留学生の数は日本語の特殊性によっても制限される。学部レベルの講義は日本語で行われるからだ。例外的に国際基督教大（ICU）や秋田県の国際教養大のように英語での講義が多く、9月入学が認められている大学では留学生数が増えている。

大学のランキングは、主として教授たちの研究成果によって決定されている。最近、中国が科学技術分野で世界トップ水準の研究発表を行っている。米国の研究機関の共同研究相手国として中国が1位に浮上してきた。米中の共同論文は10年前の約6倍に増えている。

一方、日本の研究活動は低迷している。米英独仏がここ10年で論文数を30％以上増やしたのに対して、日本は14％増にすぎない。蓮舫氏が大臣時代の仕分け作業で「世界一でないといけないのか。2位では駄目なのか」と詰問した。このメンタリティーでは、日本の研究が国際水準から脱落するのも当然だ。

■日本の大学をいかにランクアップさせるか

米大学で約50年間教壇に立ち、研究に従事した筆者の経験から言えば、秋入学は一助にすぎない。大学の質を向上させるには、何と言っても教授陣の研究者としての質を上げなければならない。その一つの方法として、業績が正しく評価されることが必要となる。

米大学では助教授・準教授については無論のこと、正教授に昇格してからも、定年はなくなるが、その業績の評価が行われて年俸額が決定される。特に国際的に評価される論文に対しては最大限の配慮が与えられる。教授職も業績によってただの平教授、冠教授（チェア・プロフェッサー）、そしてノーベル賞学者に多い大学統括教授（ユニバーシティー・プロフェッサー）と、日本では聞きなれないランク付けが行われている（筆者にも20年ほど前に冠教授の栄誉を与えられた）。

大学の秋入学検討を機に、小、中、高の学校暦や企業の採用時期、国家試験日程などの社会的慣習も議論する必要がある。だが、何にも増して日本の大学の国際競争力を高めるためには、国際的に通用する研究者を教授陣に用意する必要がある。大学が官庁、企業、メディアなどの天下り的就職場所となっているようでは、大学ランキングでの上位進出は望めない。

佐

『秋田魁新報』「時評」2012年2月8日

10-9　若者の内向き志向を変えよう

■留学希望は7カ国中最低

日本の7月初旬は、4月から始まった1学期がそろそろ終わりに近づく時期である。9月が新学期の欧米では、翌年の6月には学校の授業が終わるので、今は夏休みの時である。彼らはアルバイトやインターンシップに精を出すが、外国に留学をする若者が増えるのもこの時期である。

先月、内閣府が発表した調査によると、日本の若者の多くは、「海外生活を望まず」となっている。日本の10～20代は、他国と比べて内向き傾向を持つ。日本を含めた7カ国（日本、韓国、米、仏、英、独、スウェーデン）の若者に、留学や外国での生活に関する意識を尋ねた結果、留学を希望する若者の数は日本が最低であった。

7カ国の中で留学希望者の比率が最も高いのは韓国で66％、次の米国は65％で、仏、英、独、スウェーデンと続き、日本は最下位の32％にすぎない。将来、「一定期間（1年以上）外国に住みたい」には、日本は19％で、逆にずっと「自国に住みたい」と答えたのは43％で日本が最高であった。

いまの若者を筆者が留学した70年前と比べるのは、愚かな試みのようにもみえるが、現在の日本の若者の内向き志向の要因を分析することには意味があろう。第一に、日本は先進国で豊かな国である。第二に、外国は危険なところである。そして第三に、外国へ留学しても将来にそれほどのメリットがない。いまの若者の心理はこの3点に要約されるのではないか。これを一言で言えば、日本の若者の多くは、イノベーションと反骨精神に無頓着で「リスクを取らない」のである。

いまの若者の親世代の多くから聞いた言葉は、外国旅行の結果「やっぱり日本が一番安全で住み良いところだ」であった。こうした家庭で育った若者が、海外への留学に消極的になるのは当然であろう。

第三の留学のメリットについて言えば、日本は韓国や中国に比べて、留学に対する社会的リターンが少ないように見える。米国の大学で学んだ筆者の中国や韓国の学生の多くは帰国後に企業、大学、官庁などで、留学の体験を生かすリーダーとしての地位に就いている。

■世界の名門校選ぶ学生も

日本の場合、外国で活躍するスポーツ選手については、マスメディアが総力をあげて日本人の優秀さを報じることで社会的リターンを与えている。もっとも、日本のお札には西欧の自由民主主義を日本に伝えた福沢諭吉、欧米で活躍した細菌学者の野口英世や国際関係論の新渡戸稲造などの肖像が使われている。2024年に出る新しい紙幣には、津田梅子が女性の欧米留学生として初めて登場する。

日本には、今回の内閣府が発表した内向きの若者の他に、日本の一流大学を蹴って世界の名門校を選んだ若者たちがいることも事実である。世界大学順位のトップ100校のうち、42位の東大と65位の京大(タイムズ・ランキング2019年)は、海外に目を向けている日本の若者にとっては、残念ながら世界大学トップ10位の大学に入れない時のすべり止めとなっている。こうした若者たちを日本に留める方策を考えることこそ、真の若者対策である。

佐 『静岡新聞』「論壇」2019年7月9日

10-10 日本の英語教育と試験延期

■民間活用、三つの問題点

萩生田光一文部科学相の「身の丈発言」によって混乱をもたらしていた英語民間検定試験問題は、実施時期を延期することで、解決ではないが先送りとなった。遅きに失した、と言わざるを得ない。

2020年度からの受験生を対象として、大学入学共通テストにおいて「読む・聞く・話す・書く」の英語4技能を測る必要から、民間試験を活用することがすでに決められていた。今回これが24年度まで延期されることになったのである。特に「話す」のテストはこれまでの大学入学共通テストでは一斉に実施することが困難であるため、英検、GTEC、TOEFL、TOEICなどが利用されることになっていた。

これまでの共通テストと異なり、民間試験の活用によって次の三つの問題点がかねてから指摘されていた。第1に地域的な公平性の欠如、第2に会場や日程の不確実性、そして第3は民間試験の難易度の差である。第1については、民間試験の会場は県庁所在地や都市部などが多く、離島やへき地などの受験生には負担が大きい。また、恵まれた家庭の子女ほど有利なのである。第2に、英語はセンター試験で最も受験者数が多い科目であり、50万人以上が見込まれている。民間でこれだけの人数をさばけるのか、の疑問が残る。そして第3に、民間の異なったテストには明らかに難易度に差があり、民間企業の利益誘導によって、英語力の正しい評価が妨げられることになりはしないか。

さて、50年間米国の大学で教鞭をとった経験から述べると、現在の日本の教育制度から見て、「話す」能力を高校卒業生に求めるのは無理だと考えられる。ついでに言うならば、日本の小中高での英語教育では、「聞く」能力を要求することも意味がない。なぜならば、「聞くことと話すこと」は表裏一体だからである。

■「読む・書く」検定で十分

この二つの英語力は、現実に毎日のように英語を話す人と接するか、もしくは英語圏で一定期間生活するかのいずれかの方法でしか習得することができない。その意味で、一般の共通テストの中には特殊な人たちを除いては、「読む・書く」の能力をチェックするだけで十分なのではないか。「聞く・話す」能力を付けるための時間とエネルギーは、他の科目の勉強に集中させた方がより効果的である。

日本では、なじみのない表現かもしれないが、「カナテコ英語」なる俗語が在米日本人の間でささやかれていた。終戦後日本で英語教育を受けた経験のない人でも現地で長く生活すると流暢に英語を「聞いたり・話したり」しているのを見たことがある。だが彼らは、東部の州「コネティカット」を「カナテコ」と発音しているように聞こえるが、完全に通じている。もちろん、ここで英語の「聞く・話す」

力を付けるために現地に行くことを勧めるのは、この「カナテコ英語」を習得せよ、と言っているのではない。この例は現地での英語習得が最も効果的であることを示している。

そもそもグローバル化への対応のためには、一億総英語教育の必要はないのである。

佐『静岡新聞』「論壇」2019年11月5日

第11章 経済学の役割

11-1 世界に通じる日本の経済学に

■日本の科学者が抱える三つの困難

ＳＴＡＰ細胞論文について、日本の科学研究の成果とその発表のあり方が問題となっている。日本の物理学や生物・医学の基準は経済学者の筆者には正確に把握できないが、ＳＴＡＰ細胞の背後には日本の科学者が抱える共通の困難さがある。

その第一は、米国の大学や大学院に比べて日本の研究者は研究手順、論文の書き方などの初歩的な段階から仕上げについて、系統的訓練を受けていないということである。第二に、日本の研究者は研究の国際語である英語で成果を発表することに大きな障害を感じている。第三には、研究に充てられる資金が少ないにもかかわらず、使途に対する規制が多すぎることが挙げられる。

第一の点に関して、筆者が米国の大学院に留学した折、驚いたことがある。「研究の仕方や論文の書き方」を学部で習得していない院生には、必修科目となっていたのである。筆者のような日本人留学生らがそれに当てはまる。

第二の英語の論文の書き方は、米国では「国語の作文」として小学校から教えている。当然だが、日本人が日本語で論文は書けても、それと同じ水準の英語論文を書くのは極めて難しい。それは日本人の大きなハンディである。

第三の点については、日本の教授たちが使用できる研究費と米国のそれとは大差ないときでも、日本の教授に課される使用の規制には理解し難いものがある。例えば、研究費はコンピューターといったハードや研究図書以外には使用できないなど使途基準が厳しい。その結果、予算を使い切るために、年度末に慌てて不要なコンピューターを購入するケースが多いという。米国では、研究者の親族（特に配偶者）以外に助手を雇った人件費、研究目的の旅費その他必要経費は、全て与えられた研究費から支払うことができる。

一般的に言えば、オリンピックでメダルを何個取るかは国の経済力とスポーツへの補助の多寡に密接に関係している。特に経済学の分野では、国力と業績の間に深い関係がある。

世界中の経済学者の業績を評価するトムソン・ロイター社が、経済・経営学の主要学術誌560誌の国別論文掲載数を調べた。最も多かったのは米国で、2位英国、3位ドイツ、4位カナダ、5位オーストリア。中国は9位、日本は12位であった。

日本の大学や研究機関に所属する研究者が過去10年間に発表した論文数は、トップの米国の20分の1にすぎない。

その理由の一つは、前述した日本の三つの問題点に起因していると思われる。日本の経済学者にとっては、英語でネーティブと同じ水準の表現力で論文を書くことは至難の業なのである。

■質の高い研究成果を発表するために

物理、数学、化学、医学・生物学そして経済・経営学の分野で、世界の三大出版社の一つにシュプリンガー社がある。同社は2年前、学者たちの業績を出版する企画「日本の経済・経営学の発展シリーズ」を発表した。筆者は外国滞在が長かったことと、英語の学術書、論文数が日本人最多という理由で、この企画の編集長を引き受けざるを得なかった。

先月12日付の日本経済新聞がこの企画を取り上げて以来、日本中の学者、研究者から自薦他薦の論文や学術書をこの企画に入れてほしいとの連絡が殺到している。編集委員には東大、京大、一橋大、東北大、大阪大、慶応大など主要大学の教授や名誉教授ら日本を代表する経済学者が名を連ねている。既に4冊（著者は東大の根岸隆名誉教授、一橋大の伊藤邦雄教授、筆者）が出版済みだ。数年のうちに15冊、続いて50冊、100冊と、今後長期に続く企画である。

この企画の真の目的は、出版冊数を伸ばすことではなく、世界に通じる質の高い研究成果の発表である。経済学で世界的に最も権威あるアメリカン・エコノミック・レビュー誌の編集にも携わった筆者の経験を生かして、レフェリー（査読者）によるスクリーニング（選別）制度を導入している。

2020年の東京オリンピックのころには、日本の経済学も世界の水準に達したと、胸を張って言えるようになりたいと思っている。

佐

『秋田魁新報』「時評」2014年6月8日

11-2 「令和」の文化経済学的価値

■令和＝ビューティフル・ハーモニー

史上初の10連休も終わり、「令和」時代が本格的に始動した。海外のニュースによると、当初は「令和」の令を命令と結び付けて、「コマンド（命令）」と訳し、新元号を「コマンド・ハーモニー」と報じたケースがあった。今は、外務省などの努力もあって、「令和」を「美しい、麗しい」と訳し、新元号は「ビューティフル・ハーモニー」として定着したようだ。

「令和」の出典は日本最古の歌集、万葉集である。これによって、「令和」自身と「万葉集」の価値が急上昇した。それは経済的価値だけでなく、文化的価値をも意味している。これらの総合的価値を分析する分野は、最近飛躍的に発展した「文化経済学」である。この視点から筆を進めよう。

古い書物や舞台芸術などは、その国の文化的伝統を示すものであっても、それに経済的価値を与えるのは困難とされてきた。この理論的主張を根底から変えたのが、W・ボーモル教授であった。教授は筆者の20年間のニューヨーク大学での同僚で、おととし95歳で亡くなったが、「文化経済学の元祖」と呼ばれていた（ボーモル・ボーエン共著『舞台芸術―芸術と経済のジレンマ』池上惇、渡辺守章訳、芸団協出版、1994年参照）。

ボーモル教授は、20年前の訪日の際に、富士山の風景や日本文化に深く感動した、と語っていた。万葉集が新元号の典拠となったことを、今生きておられたら、その感動をどのように述べられたであろうか。

万葉集の本と新元号「令和」の入った品物の市場価値が急上昇しているようだ。通常モノの価格は、需要と供給によって決まるが、古典文学書のように作者の努力や生産コストが市場で評価できない場合は、印刷費や紙代が供給コストのほとんどを占める（万葉集の編さんに関わった大伴家持の給与や労苦を現代の賃金に換算することは不可能）。従って、万葉集の市場価値は、どれだけ多くの人が買うか、すなわち需要要因によって決定される。

万葉集が今後何万部売れるかは不明だが、文化経済学の立場から言えば、万葉集には「存在価値」があった。それは新元号の典拠となる前から、日本人が歴史的文化遺産としてその価値を認めていたからである。万葉集の存在価値から発生した新元号「令和」には、「派生的存在価値」が生まれ、この元号を使った商品や会社名などが経済的価値を持つことになる。

これに加えて、万葉集と新元号は日本人の誇りを高め、結束を促すよすがとなっているから、文化経済学的に言えば、「威光価値」が加わった、と言ってよい（徳川政府の威光を示す葵の紋章のような役目）。

■令和はどのような時代になるのか

さて、文化経済学の立場から、令和時代の世界の動きを予想してみよう。今、人類は未曽有の「知的革命」を迎えようとしている。産業革命が人間の筋力を機械に代替させた技術進歩であるとすれば、知的革命は人間の脳力を新デバイス（特殊装置）が代替する技術進歩だと言えよう。産業革命はハードパワーを対象にしたものであったが、知的革命はソフトパワーの向上を目指すものである。これこそまさに、文化経済学が対象とする分野である。

現在進行中の知的革命＝人工知能（ＡＩ）、ロボットなど＝は、人間の潜在的能力をいかに実用化するか、によって人類の経済、社会、文化を根本的に変える力を持つ。つまり、文化経済学が強調する「社会の潜在価値」を今後、日本は十分に現実的価値に変換させることができるのか、が問われている。

ここで、米国などが採用している、「潜在価値」の発掘と育成の例を述べよう。平等主義を掲げている一方で、義務教育レベルでクラスを成績順に優劣級に分ける学校がある。また抜群の成績で飛び級を続け、14歳で東部の名門大学の数学科に入学した例もある。米国の教育制度は、文化経済学が強調する「潜在的能力」を実現させるための秀才、英才教育を奨励している。これが米国をナンバーワンの国にしている要因の一つと考えられている。

佐『秋田魁新報』「時評」２０１９年５月８日

11-3　安心・安全と犯罪の経済学

▩逮捕リスクとの相関関係

最近日本では「安心・安全」の語が、政治家たちのみならず、各所で頻繁に使われている。確かに外国人旅行者などの訪日の第一印象は、どこへ行っても清潔で安全、というものだ。犯罪率の国際比較でも、日本の犯罪率は低く、その意味で日本は、「安心・安全」の国といえる。

しかしながら、オウム真理教のサリン事件や福島の原発事故、そして巨額の被害が報じられているオレオレ詐欺事件などは、ある意味では日本特有の犯罪で、「安心・安全ではない」日本の側面を露呈している。こうした大きな事件の他に、連日報じられている自動車事故、そして日本中を震撼させた川崎市での児童ら20人殺傷事件は、日常生活において日本が「安心・安全」ではないことを証明するものだ。

ここで問題となるのは、こうした経済活動を含めた犯罪を経済学ではどのように分析して対処しようとしているか、の点である。シカゴ大学のG・ベッカー教授（ノーベル賞受賞者）の今では「犯罪の経済学」の古典となっている「犯罪と刑罰—経済学的アプローチ」（1968年）が、ここでも有益なヒントを与えている。一言で言えば、「人は犯罪から得られる利益が、その機会費用（刑罰や罰金）を上回る限り、犯罪を実行することになる」というものである。

機会費用という考え方は一般にはなじみのないものであろうが、簡単に言えば、逮捕のリスク（確率）に罰金を掛けた数値で、逮捕のリスクが少なければ犯罪は増加する、ということになる。この極端なケースとしては、自殺が挙げられる。川崎市の児童殺傷事件は、事件の前に逮捕されるリスクはゼロで、犯罪後に自殺することを考えていたとすれば、20人を殺傷する本人の犯罪から得られる（心理的）利益は、自分の命よりも大きかった、ということになる。

■飲酒運転激減で理論的中

オレオレ詐欺事件はある意味では日本特有なもの、との見方がある。これは、日本における親子関係の緊密さ、子供の一人立ちができない独立心の欠如、そしてわが子に対する犠牲をいとわない親の心理などを利用して犯罪者が行う非合法的な経済活動、と見るべきである。ここでの問題は、犯罪から得られる利益が、機会費用と比べあまりにも大きいのである。この場合の機会費用は逮捕の確率と罰金（刑および金額）が小さすぎる、と見るべきである。

加えて、先日報道されたタイから日本国内に電話をかけていたケースのように、背後には逮捕されることのない（機会費用ゼロの）黒幕が存在している。その撲滅なくして安心・安全は得られない。

自動車事故による犠牲者が増えている。大津市で起きた、保育園児ら16人の死傷事故は、犯罪の経済学の見地からいえば、もとより利益はゼロで機会費用は不注意によるリスクの確率の高さを無視した、と説明することができる。

自動車事故に関して、犯罪の経済学の理論が的中したケースがある。それは、飲酒運転による事故の減少である。飲酒運転に対しては、罰金、免許証没収、3年以下の懲役など、機会費用が引き上げられたのに加え、社会的制裁が飲酒運転を激減させたとの統計がある。

佐　『静岡新聞』「論壇」2019年6月4日

11-4 「長寿経済」に学ぶこと

■「人口論」「健康」「医療」

「長寿の経済学」あるいは、簡単に「長寿経済」なる言葉がここ数年間、経済学のジャーナルや雑誌などに頻繁に現れるようになった。ただし、日本人が好きな「人生100年時代」の話は、欧米の文献にはほとんど見当たらない。

織田信長が好んだと伝えられる「人間五十年、下天の内をくらぶれば…」の時代から、急に「人生100年」と言われても、日本人の多くは、経済的な準備も心の準備もできていないのは当然のことだろう。加えて、老後のために2千万円は必要だ、となれば、誰しも不安感を抱くはずである。

このテーマは、来るべき参議院選との関連で政治問題化しているが、本稿では、米国などにおける長寿社会の経済分析を紹介したい。

冒頭の「長寿経済」は、三つの側面を持っている。第一に、人口論、第二に、健康の経済学（日本では主として医療の経済学）、第三に、社会保障の経済学、である。最近はこれに加えて、長寿社会がつくりだすミクロ及びマクロの購買力の増加と国内総生産（GDP）へのプラス効果が、大きく取り上げられている。

オックスフォード・エコノミクスが発表した「長寿経済―経済成長と新ビジネスの創生」によると、米国では、約1億1千万人のシニアは8兆ドル（880兆円）のGDPを生み出し、日本やドイツなどの国全体のＧＤＰを上回っている。そして約30年後には、米国のシニアたちが生み出すＧＤＰは約14兆ドルにも達すると推計している。

この報告書の根底に流れる経済思想は、健康の経済学（医療、病院など）や、年金などの社会保障制度が長寿経済の発展を支える、との前提に基づいている。同時に、技術進歩も長寿経済に有利に働く、との前提条件もある。明らかに、過去２００年以上、米国経済の発展を支えてきた「ヤンキー・インジニュイティー（米国流の創意工夫）」が今後も長寿社会に有利に働く、と考えられている。

■高齢消費者の需要把握

この点に関しては、ＡＩ（人工知能）などの発達が、今後の長寿社会により大きな効果をもたらす。例えば、電話医療（診察、処方）や動く診療所、アンチ・エイジングの効果がシニア層に直接的なプラス効果をもたらす。人生１００年時代の日本のような、シニア層の不安感などは大きく取り上げられてはいない。それは、現在の米国の年金制度では、多くの米シニアたちは、年金額が、引退時の給料とほぼ同額、といった境遇にあるからである。

最近、ジョセフ・Ｆ・カフリン博士（米マサチューセッツ工科大）が「長寿経済」（２０１７年）の著書を出版した（日本語訳「人生１００年時代の経済」依田光江訳・ＮＴＴ出版、２０１９年）。簡単にその内容を紹介すると、企業が高齢者向けのビジネスで成功するには、高齢消費者を弱者として扱うのではなく、彼らが真に何を望んでいるのか、彼らをワクワクさせ幸福にするものは何か、を把握しなければならない。それがシニア・ビジネスにつながり、長寿経済とその国のＧＤＰの成長に貢献する、と説いている。いま日本にもこうした発想の転換が、必要なのではあるまいか。

佐『静岡新聞』「論壇」2019年6月18日

11-5　公共財と日本学術会議問題

■太平洋戦争時代の失敗

日本学術会議問題が、メディアを賑わしている。学術会議が推薦した105人のうち、6人が任命されなかったことが発端となったようだ。ちなみに、6人の中には経済学者は含まれてはいないが、法学者や政治学者、歴史および宗教学者たちがいる。

日本学術会議側は、「学問の自由が侵害されている」と反発しているのに対し、政府は、「毎年10億円以上の税金がつぎ込まれているのだから、総合的俯瞰的見地から、政府の立場で任命を拒否できる」としている。

第一に、学問の自由の観点からすれば、安倍政権時代の、安保法制や改憲に反対した人たちが除外されていることは明白である。だからといって、今後これらの人たちが、自らの信念を曲げずに研究を続行できなくなった、というわけではない。一方、政府側も、公務員だからといってイエスマンだけを任命すれば、いかなる組織も停滞する、との見地から、彼らを排除すべきではなかった。イエスマンだけに囲まれている組織は、長期的に衰退する。国家もまた同様である。太平洋戦争時代の日本の失敗は、この好例である。

第二の、政府は税金を投じているから、何にでも口出しをして良い、の主張は必ずしも的を射ていない。例えば、米国科学アカデミーは、民間非営利団体であるが、年間予算の約40％弱に当たる70億円を政府からの補助金として受けている。同様にイギリスの王立協会も年間約25億円を政府から受領している。

日本には、政府がカネを出すなら口を出しても良い、との風潮があるが、厳密に言えばこれは正しい主張ではない。ここで、過去50年間に、急速な進歩を遂げた民主主義国家における「税金と公共財の理論」を用いて今回の問題を解明してみよう。まず、税金は政府のカネではなく国民のカネである。その税金で買ったモノやサービスは一般的に「公共財」と呼ばれている。

■国に利益を与える支出

公共財には二つの種類がある。一つは、税金の支払いの有無とは無関係に、国民全体が恩恵を受ける「一般的なメリットを持つ公共財」ともう一つは、一部の人々やグループのみに利益を与える「特別なメリットを持つ公共財」への支出である。前者の例は国民全体が守られる国防支出である。そして後者の例は優秀な人材を安い授業料で育成して国にメリットを与える国立大学や、国に学術的メリットを与える今回の日本学術会議などへの支出である。

国立大学へ公正な入学試験を受けて合格した学生の一部を、政府の方針に沿わない思想や主張を持っているからといって、入学を拒否するのは、政府の不当な介入である。同様に正当な手続きで選ばれたのに政府の方針に合わない主張を持っているからといって任命を拒否するのも公共財理論の見地からは正しい政策ではない。

もっとも国立大学の入試の例や日本学術会議の選考が公正・公平さを欠いていたとしたら別の話である。だが、例えば日本学術会議を廃止せよ、との意見は、仮に数人の学生が問題をおこしたからといって国立大学を廃止せよ、というのと同様に説得力に欠ける主張である。

佐 『静岡新聞』「論壇」2020年10月27日

11-6 人の心を動かす新しい手法

■「理屈」よりも感情に訴え

参院選が終わった。党首たちの演説は「XX党に投票してください。…日本の将来に希望が持てます」のパターンが多かった。逆にもし「XX党に投票しないと日本はダメになる」を強調していたら結果は違っていたかもしれない。

また「がん検診で健康になりましょう」よりは、「がん検診を怠ると重大な結果になります」の方が、人々の受診率を高めることが知られている。

最近、人間の行動を変える要因として、「理屈」よりも感情に訴える前例のような「損失回避」の手法が有効であることが証明されている。また、自らの確固たる信念に基づいた行動よりも、周りの人の行動を見て、同じような意思決定をする「同調行動」に訴える政策が、より効果的であることが知られている。この例として、英国政府が実施した「ほとんどの人が期限内に納税をすませています」というメッセージによって、納税者は社会的圧力を受け、納税率は68％から83％に上昇したことが挙げられる。

こうした非伝統的な経済的手法は、「人間の心理に訴える行動経済学」の中での、「ナッジ（Ｎｕｄｇｅ）理論」によるものとされている。ナッジとは、もともとは、肘でそっと押して注意を引いたり、行動を後押ししたりする英語だ。この理論はシカゴ大学のセイラー教授（ノーベル賞受賞者）が提唱したものである。

いま、日本政府を含む、各国の行政がこの手法を使って新しい試みを行っている。だが、こうした手法は、「ナッジ理論」などと大げさに取り上げられる前から、われわれの日常生活の一側面をなしていた。

例えば、スーパーのマネジャーたちは、パンを焼く良いにおいをかがせたり、一番もうけの多い商品を目立つ所や人の目の高さに並べたりする。買い物客はその誘惑に負けて予定していなかったものを買ってしまう。こうした状況は意図的につくり出されたものである。

また、米大学の研究チームはスーパーマーケットの客に「ナッジ」として、新しい商品の並べ方を試みた。売り場の一つのセクションの中央にテープを貼り、テープの向こう側に果物や野菜を置き、手前の方にその他の商品を並べた。その結果、客は必ず果物や野菜を先に買うようになった。

■増税後の消費パターンは

こうしたナッジ戦略は、価格、税、罰金、報奨などのオーソドックスな経済誘因を使うことなく、経済的効果を上げる手段である。例えば、居酒屋の経営者は、ビールの値段を下げないでも、客に多く飲ませる手だてを知っている。「容量の多いグラスを使うと、客は本当に飲みたい量以上に飲んでしまう」と言う。

選挙も終わって、次の焦点は8％から10％への消費増税である。複雑なポイント制や生活必需品に対し軽減税率8％が適用される。これらは消費者の増税の痛みを和らげようとする政策である。だが、簡素化を目的としたナッジ戦略から見れば、逆効果をもたらす可能性が高い。増税後の消費パターンを注意深く観察する必要がある。

佐

『静岡新聞』「論壇」2019年7月30日

11-7 ニューノーマルと行動経済学

■仕事やマスク習慣変わる

新型コロナウイルスの感染拡大防止のための緊急事態宣言が解除された。だが、今後も感染対策は続き、社会がコロナ以前の姿を取り戻すことはないのかもしれない。こうした状態を、「ニューノーマル（新常態）」と呼べば、今後何がどう変わるのであろうか。

思い起こせば、２００1年の９・11事件以降、人類の旅行に対する見方が根本的に変わった。特に国の内外を問わず、航空機を使う旅行では、長い列に並んでボディー・チェックを受け、荷物も徹底的に調べられる。だが20年を経る現在では、当時は厳格すぎると感じたニューノーマルは、すでに日常的な旅行慣習となっている。

コロナ後の目に見えるニューノーマルとして、少なくとも安全なワクチンが世界中の人々に行き渡るまで、マスク着用の風景が続くだろう。米国などでは今回のコロナ禍以前には、通常の風邪は言うに及ばず、インフルエンザ流行の時期になっても、マスクを着ける人はほとんどいなかった。今回の、コロナ騒動で日本の死亡率が欧米に比べて低い理由の一つに、日本人はこれまで、冬の間は特にマスクを着ける習慣があったからだ、とする医療関係者の見方がある。

確実に言えることは、今後オンラインに依存する仕事量が増えること。工場やオフィスなどでは、接触減が効率よりも優先するであろう点や、机間隔も以前よりも広くなる、などの物理的調整が必須である。こうした変更の他に、人々の行動に変化を及ぼす心理的ニューノーマルが今後、より重要な役割を果たすであろう。

約2カ月間自粛が求められていた時期に、「帰省を控えて」ではなく、「オンライン帰省を」「外食しないで」ではなく、「飲食は持ち帰り、宅配も」などの、いままでと少し違う印象の文言や使い方が目立った。いかに強い法的措置をとらず、いかにして人々の行動を変えるかが、重要な自粛政策の一部であった。

■心理的な手法で「平常」に

こうしたアプローチは、行動経済学の「ナッジ理論」によるもので、昨年の筆者の本欄「人の心を動かす新しい手法」（7月30日付）でもこの理論は紹介されている。政府の新型コロナ対策の専門家会議においても、行動経済学の立場からの助言があったと報じられている。

確かに、9・11事件とは異なり、加害者は目に見えないウイルスではあるが、感染の被害は人間を通して起きるので、すべての人間が加害者になる可能性がある。こうした点から、9・11事件と比べて、人々はより大きな「心理的恐怖感」を抱くことになるであろう。

今後のニューノーマル時代には、合理的な行動を前提とした伝統的経済理論に加えて、心理的な行動パターンを重視するこの行動経済学を同時に使うことによって、ニューノーマルが平常な状態に近づくであろう。

最近、スーパーや商店街でよく見かける足跡マークは、実は行動経済学の理論を活用したものである。人々が理想とする行動を取れるよう背中をちょっと押す（ナッジ）理論を使ったものである。

佐

『静岡新聞』「論壇」2020年5月26日

11-8　渋沢栄一と社会的貢献

■経済と道徳両立重視

今年のNHK大河ドラマ「晴天を衝け」の主人公は渋沢栄一である。2024年には、福沢諭吉に代わって一万円札の顔になる。渋沢は「近代資本主義の父」と呼ばれ、生涯で約500の企業の設立、約600の社会公共事業に関わっていた人物である。

「論語と算盤」の著者として知られる渋沢は、第一国立銀行（後の第一銀行そして現在のみずほ銀行の一部）の創設、といった企業活動だけではなく、博愛社（現在の日本赤十字社）などの広い社会事業活動に加え、商法講習所（一橋大学の前身）などの教育事業にも力を注いでいた。

「論語と算盤」では、経済と道徳の両立で、私利だけでなく公益を重んじることによって、社会全般あるいは国が豊かになると説いた。ちなみに、「論語」は当時の道徳教育に欠かせないとされていたが、キリスト教などの神や宗教的ニュアンスを極力避けたい、との意図で取り上げられた、との説もある。

渋沢がこうした社会・公共事業に強い関心を抱き活動を開始したのは、30～40代の働き盛りの時期であった。彼にとっては、金儲けに成功したから、一部を社会に還元しよう、との動機があったわけではない。論語と算盤が同時進行してゆく、これが彼の生き方だった。

かつて、米国の友人が「日本には三井、三菱、住友、安田などの旧財閥の名を冠した企業は多いが、大学は一校も無い」と不思議がっていた。米国の著名大学の名称の多くは、経済活動で成功を収めた人たちが、社会的貢献としてその私財を投じた折につけられた。例えば、アイビーリーグ大学の多くは、米国の独立以前に聖職者養成所として設立されたが、ハーバード大学は、イギリスから呼び寄せたハーバード牧師が死亡した後に、その遺産を基金として設立された大学だ。エール大学は設立当初は、コレジエイト・スクールであったが、篤志家エール氏にちなみ現在の校名に変えた。

その他、日本でいまコロナ研究で毎日名前が出るジョンズ・ホプキンス大学は、以前に本欄で述べたがホプキンス氏が貿易で得た巨額の富で設立した大学である。バンダビルト大学、カーネギー・メロン大学、スタンフォード大学も同様に寄付者の名を冠した大学である。

■「民の力」で課題対処

ニューヨーク大学はユダヤ系富豪たちが支えている裕福な私立大学だが、彼らは「カネをどれほど持っているかではなく、カネをどれほど寄付するかによって、尊敬されるか否かが決まる」ことを知っている。富豪たちは渋沢式に言えば、論語（ユダヤ教）と算盤（ビジネス）を生まれながらに教えられて実行しているのであろう。

今日、世界は新型コロナ禍、地球環境問題そして貧富の格差拡大など、数多くの課題に直面している。それぞれの国が全力を尽くしてこれらに対処しているが、ここで必要なのは「民の力」である。米国式に言えば、現在は、金持ちが自分の名を冠した大学を設立する時代的要請はない。代わって、マイクロ・ソフト創業者のゲイツ氏のように、自分の名を冠した財団をコロナパンデミックと闘うために活用する社会的貢献がより重要だとの認識が一般的である。

11-9　縄文遺跡と世界遺産の価値

佐　『静岡新聞』「論壇」２０２１年3月2日

■世界遺産はなぜ人々に感動を与えるのか

「北海道・北東北の縄文遺跡群」が世界文化遺産に登録されることを知り、秋田県出身者の一人として感嘆の念を新たにした。遺跡群を構成する鹿角市の大湯環状列石や北秋田市の伊勢堂岱遺跡はいまだ見ていないが、青森市の三内丸山遺跡を見た折の先史時代の遺跡に対する感動は、今でも忘れられない。

さて、世界遺産などの文化財が人々に感動を与えるのはなぜだろうか。それは「新しい価値」をもたらすからだ、とするのが「文化経済学」である。文化経済学は、経済的価値と文化的価値との相互関係を分析する分野である。筆者が20年間教壇に立ったニューヨーク大学で同僚であったウィリアム・ボーモル教授（２０１７年没）によって提唱された。教授は訪日した際、世界遺産となった「富士山」を見て日本文化との深い関係に感動したと話していた。

まず、世界遺産には「威信価値」がある。すなわち、人々に威光と信望を与えるのである。世界遺産は、その地域に住む人々に「アイデンティティーと誇り」を与える。この地に生まれて、あるいは、住んでいて良かったと思わせる力である。「北海道・北東北」は、人類史上まれな農耕以前の定住生活が紀元前１万３千年～同４００年と１万年以上続いた豊かな精神文化を持った地域なのである。換言すれば、この地は「ただの地ではなく、特別な威光と信望の価値を持つ地」へと変わったのである。

ついでに、文化経済学に頻繁に出てくる「不使用価値」について言及しておこう。今回のように、遺跡群が世界遺産に登録されるとその価値が急上昇する。何らかの機会により文化価値が上がる場合、その対象物には「不使用価値」があると言う。この不使用価値は現実には金銭的価値を生み出して、直接的に経済的利益を生み出すことにもつながる。

これが世界遺産の商品化の問題である。すなわち、世界遺産と観光との関係は文化経済学の分析で無視できない分野である。現在はコロナ禍により、急速にこうした遺跡群に観光客が訪れる可能性は低いが、遺産登録を機に観光を企画する企業が増えることは想像できる。だが、そこには文化価値の「伝播と保護」という二つの対立する基準が存在する。

■「威信価値」を求め続けて

国連教育科学文化機関（ユネスコ）は世界的な価値を持つ文化財や自然を保護するために、1978年から世界遺産登録を開始した。その目的の一つは文化的観光を促進することである。多くの人々が世界遺産を見ることによって、その価値と保護の重要性を認識することが目的である。旅行会社によって世界遺産が商品化されて、その文化価値の「伝播」が行われるのである。

一方で多くの世界遺産では観光客の増加によって「保護と管理上」の問題が生じている。例えば、イタリアの「ピサのドゥオモ広場」や中国の「ラサのポタラ宮歴史地区」などへの入場が制限された時期もあった。

日本では1993年、「法隆寺地域の仏教建造物」と「姫路城」が世界文化遺産となり、「屋久島」と「白神山地」が世界自然遺産となった。こうした所では文化価値の「伝播と保護」が比較的良好に維持されている。しかしながら、「富士山」については、大勢の観光客の登山希望が地元の管理者たちを悩ませている。

話を元に戻そう。今回の「北海道・北東北の縄文遺跡群」は、こうした地域の観光資源に格上げされたことで、「不使用価値」が現実にお金のもうかる「経済的価値」へと大転換したのである。しかしながら、これが実現した背景には、多くの人々の辛抱強い努力があったことが報じられている。

彼らは明らかに、観光目的や利益目的で努力を続けたわけではない。ここに筆者は深い尊敬の念を禁じ得ない。文化経済学で前述した「威信価値」を純粋に求め続けた彼らの行動が成果につながったのであろう。登山家は「山があるから登る」と言うが、「遺跡があるから世界遺産に登録する」という強い信念があったのではないか。

（佐）『秋田魁新報』「時評」2021年6月11日

著者紹介

佐藤隆三（さとう・りゅうぞう）

ニューヨーク大学C.V.スター冠講座名誉教授

1931年秋田県生まれ。一橋大学卒業。経済学博士。ジョンズ・ホプキンス大学にて経済学博士号取得。

ブラウン大学教授、ハーバード大学 JFK 行政大学院兼任教授、ニューヨーク大学 C.V.スター財団冠講座教授、ニューヨーク大学日米経営経済研究所所長、東京大学客員教授などを歴任。

著書に『佐藤隆三著作集』（全7巻、日本評論社）など。

ジョセフ・S・ナイ Jr.（Joseph Samuel Nye Jr.）

ハーバード大学特別功労教授

1937年米国ニュージャージー州生まれ。プリンストン大学卒業。ハーバード大学にて政治学博士号取得。

カーネギー国際平和基金、ジュネーブ国際問題研究大学院、英国国際問題研究所の客員研究員や教授を歴任。

国際政治において政治力や文化的影響力を重視するソフトパワーという概念を提唱した。

1994年にはクリントン政権の国務次官補となり、“ナイ・イニシアチブ”と呼ばれる日米安保体制の再定義をめぐる作業を進め、「東アジア戦略報告」を取りまとめた。また、日米両国が取り組むべき課題に対して、2000年から断続的に「アーミテージ・ナイ報告書」として提言している。

著書に *Do Morals Matter?: Presidents and Foreign Policy from FDR to Trump*, Oxford University Press, 2020など。

バイデン政権《せいけん》と中国《ちゅうごく》、そして日本《にほん》の進路《しんろ》

2021年 8 月31日　第 1 版第 1 刷発行

著　者　佐藤隆三、ジョセフ・ナイ
発行所　株式会社日本評論社
　　　　〒170-8474　東京都豊島区南大塚3-12-4
　　　　電話　03-3987-8621（販売）　03-3987-8595（編集）
　　　　https://www.nippyo.co.jp/　　振替　00100-3-16
印刷所　精文堂印刷株式会社
製本所　株式会社難波製本
装　幀　図工ファイブ

検印省略

Printed in Japan　　ISBN 978-4-535-54004-0